# LES CHAMBRES CLOSES

Germaine Aziz

# LES CHAMBRES CLOSES

## Histoire d'une prostituée juive d'Algérie

nouveau monde éditions

24, rue des Grands-Augustins – 75006 Paris
ISBN : 978-2847-36249-7
Dépôt légal : octobre 2007
Imprimé en Espagne par Novoprint

*Je remercie*
*Le docteur Auvray*
*Françoise Duroux*
*Denis Guedj*
*Maurice Jakubowitz*
*Marie Mad*
*qui par leur présence*
*leur confiance*
*m'ont permis d'être moi.*

# PRÉFACE

Le livre de Germaine Aziz, *Les Chambres closes*, est à plus d'un titre exceptionnel. D'un point de vue historique d'abord, c'est, à ma connaissance, le seul témoignage connu et publié d'une prostituée algérienne ayant vécu en même temps le système de l'indigénat et celui du réglementarisme colonial. Insérée dans cette double domination masculine et coloniale, Germaine Aziz a de surcroît – et c'est ce qui fait toute la force brute de son témoignage – expérimenté tous les échelons du système prostitutionnel réglementé. Commençant sa « carrière » dans une maison d'abattage de Bône au début des années 1950, Le Chat Noir, elle va gravir toutes les étapes de la hiérarchie des maisons pour se retrouver, finalement, dans la plus grande maison de tolérance d'Afrique du Nord, Le Sphinx d'Alger.

Entre les deux, elle aura subi l'enfer de l'univers de la prostitution coloniale. Achetée à Oran comme une vulgaire marchandise par une recruteuse européenne chargée de repérer les filles naïves ou en détresse économique et sociale, elle est revendue à la tenancière d'un bordel de Bône dont la clientèle est mixte (« indigène » et européenne). Cantonnée dans une chambre sans fenêtre éclairée par « une ampoule électrique souillée de chiures de mouches », Germaine Aziz, qui n'a que 17 ans, fait le dur apprentissage du dressage (pressions psychologiques, injures, coups, menaces de mutilation au couteau...)

et de la passe à la chaîne (« la file des hommes devant la porte... »), répétée des dizaines et des dizaines de fois par jour. De sa virginité perdue avec un fonctionnaire français, client de la maison, elle ressort « souillée, irrécupérable » ; mais garde toujours la rage au ventre et l'espoir de fuir ce système qui réduit les femmes à n'être « qu'un ventre qui ne sert plus qu'au plaisir des hommes ». Réalité, d'une criante vérité, que le livre de Germaine Aziz dissèque avec une précision chirurgicale.

Grâce à elle, on ne pénètre pas seulement dans le vécu, extraordinairement vivant malgré l'horreur, d'une femme bafouée, vendue, violentée et finalement quotidiennement partagée par une multitude d'hommes, mais dans un système dont on regarde, avec acuité, l'implacable mécanique. De la « mise en carte » des prostituées (l'enregistrement à la police des mœurs) à la visite sanitaire obligatoire – la fameuse visite des organes –, on comprend l'ampleur et la violence de la coercition exercée sur les filles par les agents du contrôle (médecins, policiers, juges...), la force et l'irréductibilité de leur emprisonnement par les lois du milieu au travers des liens inextricables entre tenancières et proxénètes de maisons.

Germaine Aziz dénonce ici ce système de régulation de la sexualité illicite, qui repose essentiellement sur un enfermement systématique des prostituées – d'où le terme maisons closes qui lui est généralement accolé – et sur un accord tacite entre tous les partenaires (officiels et officieux) pour faire de ces femmes des « esclaves » dociles. On ne s'étonne d'ailleurs pas, dans ce contexte, que le système réglementariste ait nommé les prostituées « filles soumises ». « Tondues » comme des bêtes de somme, ces dernières sont le plus souvent exclues du commerce de l'argent. Ne possédant rien, même pas leur liberté dans la plupart des cas, elles sont constamment endettées, notamment auprès des tenancières qui jouent de leur position de monopole (la sortie de la maison est généralement interdite ou conditionnée à la surveillance de la sous-maîtresse) pour leur vendre à des prix exorbitants les produits de consommation courante. Comme l'explique très bien Germaine Aziz : « J'ai été vendue comme une marchandise, mais je n'en ai jamais su le prix. Je rembourse une somme que je ne connais pas, qui s'est augmentée, s'augmente chaque jour du montant de mes soutiens-gorge, de mes slips, des serviettes, du couvre-lit qu'on change quand il est trop sale. Ma nourriture, l'eau que je bois sont comptabilisées. La seule chose que j'ai apprise, c'est le prix que payent les hommes qui viennent me voir : soixante centimes. »

À elle seule, cette plongée dans l'univers du réglementarisme colonial serait d'un intérêt historique essentiel pour tous ceux et celles qui s'intéressent aux questions de sexualité et de prostitution en situation coloniale. Retraçant partiellement les circuits d'importation des filles sur le terrain nord-africain (comment une prostituée recrutée à Oran peut se retrouver à officier en Tunisie par exemple), les mutations de prostituées d'une maison à une autre, les liens entre les partenaires du milieu (comment un proxénète dont la réputation n'est plus à faire peut faire « grimper » une fille dans la hiérarchie des maisons en la plaçant chez une tenancière de sa connaissance), l'importance des relations « occultes » entre les agents du contrôle et les filles (notamment les problèmes de corruption en nature ou en argent), le livre de Germaine Aziz foisonne d'informations très précises et très viables sur le système en lui-même, ses principes, ses travers et ses scandales.

Mais plus encore que l'intérêt historique évident, c'est l'aspect puissamment autobiographique du récit qui frappe immédiatement à la lecture de ce livre rare. Aux informations historiques de premier ordre qui confirment, dans la plupart des cas, le travail archivistique de l'historien, s'ajoutent en effet de nombreux éléments de la vie quotidienne d'une prostituée.

Grâce au récit de Germaine Aziz, ce qui éclôt, en pleine lumière, c'est l'individu derrière le système, la chair derrière les statistiques et les rapports administratifs – l'infiniment humain sous le stigmate… « Le soir, la chambre sent le sperme, la sueur, les pieds sales. Une odeur qui colle à ma nuit », écrit-elle simplement.

Ici, pas de glorification romantique de la prostitution donc, pas de condamnation systématique non plus, simplement un parcours de vie et une expérience prostitutionnelle, disséqués par une femme anonyme qui éclaire pourtant, dès lors, très différemment ce monde fantasmé et fantasmatique. La force du témoignage, son importance dans le travail historiographique, est ici, une fois de plus, avérée. Car Germaine Aziz nous renvoie, par la puissance de sa voix et par l'intensité de son récit, à sa propre perception de la sexualité vénale dans le cadre de l'organisation coloniale et métropolitaine.

Ce discours de l'intérieur, si je puis dire, est incroyablement précieux parce qu'il véhicule le regard singulier et la parole spécifique – sans médiation aucune – d'une prostituée sur elle-même, sur son activité et finalement sur sa vie, y compris amoureuse. Les quelques pages qu'elle réserve à son proxénète-amant de cœur Sylvio, « le premier homme qui lui ait donné l'impression d'être une femme », sont ainsi extrêmement émouvantes, et pourtant – et c'est ce qui les rend vraiment utiles pour l'historien – elles ne contiennent nul angélisme sur la nature des rapports qui les unissaient. Germaine Aziz analyse, en effet, avec une grande clairvoyance les raisons qui ont poussé Sylvio à la maintenir dans le système réglementariste : « […] Un homme qui approche une prostituée ne peut avoir les mêmes relations qu'avec une autre femme. Ensuite, quand il appartient au milieu, l'orgueil de sa qualité "d'homme" le sépare totalement d'elle. Il sait aussi que tout ce qu'il fera vis-à-vis de cette femme sera jugé par la grande famille de ses pairs.

Il y a des lois qu'il ne pourrait transgresser sans perdre sa qualité d'homme [...]. » Son récit est donc, en ce sens, absolument nécessaire à une meilleure compréhension, non des rouages du système, mais des individus, hommes et femmes, qui l'ont incarné et lui ont permis de prendre corps. Monde ambigu, aux allégeances et aux amitiés paradoxales – rendu aussi bien dans le récit des relations entre prostituées elles-mêmes, entre prostituées et clients, proxénètes et agents du contrôle – que Germaine Aziz brosse d'une manière saisissante et unique.

Il est en effet troublant de voir combien *Les Chambres closes* est aussi la caisse de résonance d'une époque et la matérialisation d'une ambiance entre les hommes et les femmes, mais aussi, dans le contexte du Maghreb colonial, entre les « indigènes » et les Européens. De confession juive, Germaine Aziz explique d'ailleurs à plusieurs reprises, dans le livre, son empathie pour les prostituées « musulmanes » et son sentiment d'appartenir à leur monde, dans l'espoir, la détresse, l'humiliation ou la révolte : « Pour les Français, juifs et Arabes sont unis dans le même mépris : un élément pittoresque, sale mais coloré. Ils viennent nous visiter, nous faisons partie, avec le village "nègre" et les souks, des attractions, on y amène l'invité, l'ami de la métropole. » Considéré comme une construction de la France, le système réglementariste – ses maisons et ses quartiers réservés – est en effet abhorré par les filles de confession juive et musulmane qui l'assimilent, comme d'ailleurs souvent le reste des populations locales, à l'une des marques les plus insidieuses et les plus violentes de l'occupation française.

On le voit, le livre de Germaine Aziz est donc un document rare, historiquement et humainement. Publié au début des années 1980, ce témoignage de premier ordre reste malgré tout encore trop méconnu, y compris des spécialistes de l'histoire des sexualités et de la prostitution. C'est pour tenter de diffuser plus largement ce texte bouleversant, mais aussi pour rendre un hommage respectueux et appuyé à l'extraordinaire personne que fut Germaine Aziz, que la présente réédition de son livre a vu le jour. Non pour faire d'elle un cas exemplaire – ce que d'ailleurs elle ne souhaitait pas, comme elle l'explique très bien en conclusion des *Chambres closes* –, mais pour rappeler qu'aucune histoire n'est insignifiante et que jamais personne ne témoigne en vain. À lire le récit de Germaine Aziz, on comprend pourquoi...

Christelle Taraud

# PREMIÈRE PARTIE

# 1

« Esther et Germaine Aziz, madame la directrice vous demande dans son bureau. »

On va voir maman ! Nous abandonnons nos gamelles pour courir, main dans la main, dans les couloirs de l'Assistance publique, encore plus longs que d'habitude.

« Tu crois que le petit frère est né ?

– Je ne sais pas... sûrement. Enfin, j'espère ! »

Moi aussi je l'espère, je m'ennuie trop de maman.

La directrice me fait un peu peur, pourtant c'est d'une voix très douce qu'elle demande à ma sœur, mon aînée de quatre ans :

« Quand avez-vous vu votre maman pour la dernière fois ? »

Je m'en souvenais très bien, elle n'était venue qu'une fois, une seule depuis que nous étions ici, et nous avait apporté des bananes. Elle nous avait dit qu'elle nous aimait mais qu'elle était trop malade pour quitter plus souvent son lit.

Ma sœur parle de cette histoire de bananes en éclatant en sanglots. Je me demande pourquoi la directrice nous pose cette question, mais en voyant Esther pleurer, je comprends qu'il nous est arrivé un malheur :

« Qu'est-ce qu'il y a ? Qu'est-ce que tu as ?

– Maman est morte », hurle-t-elle.

Je ne comprends pas. Je me tourne vers la femme imposante derrière son bureau. Elle reste silencieuse. Comment ça, morte ? Je ne suis pas sûre de savoir ce que cela signifie pour les grandes personnes, ça doit être triste. Je demande :

« Est-ce que ça veut dire qu'on ne la verra plus ?

– Oui, ça veut dire ça ! Plus jamais... »

Je ne me rappelle pas grand-chose. Cela fait trop mal. Je pleure jour et nuit, noyée. J'ai perdu tout ce que je possédais au monde.

Beaucoup plus tard, je ne verserai plus sur le souvenir de ma mère des larmes d'enfant mais des larmes de femme qui pleure sur une autre femme morte trop jeune. De quels espoirs, quelles illusions, quels bonheurs la mort l'avait-elle frustrée ?...

Entre mes parents, originaires d'Algérie, ce fut d'abord le grand amour et, quand ma sœur vint au monde, mon père, Jacob, épousa Julie, ma mère. Le fils d'un rabbin connu et vénéré à Oran se mésalliait avec une petite couturière d'origine très modeste, fille d'un docker et d'une femme de ménage. Jacob, vaniteux à l'extrême mais trop paresseux pour travailler, rêvait de riches conquêtes féminines qui réaliseraient ses goûts de luxe. Julie trimait dur pour entretenir et habiller son mari. Pour lui, c'était normal. Pour elle, cela n'allait pas sans révolte. Une de mes tantes m'a raconté qu'un jour, excédée de le voir parader, « n'être bon qu'à cela », ma mère prit ses ciseaux de couturière et mit en lambeaux la garde-robe de Jacob. Pourtant, elle lui avait coûté cher ! Elle en représentait, des heures de travail ! Jacob, paraît-il, ne lui a jamais pardonné ce geste : mortifié comme un paon dont on aurait taillé les plumes.

À cette époque, Paris faisait rêver tout Oran. Surtout un menu peuple d'artisans, de commerçants, de besogneux de toutes sortes. Mes parents n'échappèrent pas à ce mirage et décidèrent de « monter » à la capitale. Pour ma mère rien ne fut changé, elle n'y gagna qu'un peu plus de peine et cette privation du soleil qui devait cruellement se faire sentir. Pour mon père, ce fut très différent. Il y trouva la fortune en rencontrant Germaine.

C'est dans un climat de drames quotidiens que ma mère s'aperçut qu'elle était à nouveau enceinte. Assez follement, elle se raccrocha à l'idée qu'un garçon lui ramènerait Jacob et accepta, plutôt bien, cette grossesse.

J'arrivai. Je n'étais qu'une fille.

Mon père n'avait même pas attendu de le savoir pour quitter sa femme. Il parla de divorce et elle s'y opposa. Cette résistance humiliante était bien inutile. Une de mes tantes s'étant rendue à Argenteuil pour voir les riches parents de Germaine – ils y étaient propriétaires – les avait mis au courant de la situation : « Ma sœur ne peut pas divorcer, elle a une petite fille de quatre ans, et elle attend un bébé. » Ils lui avaient répondu avec superbe : « Notre fille, elle aussi, est enceinte, nous avons les moyens de payer le divorce ! »

Comment lutter ? Naturellement, la séparation fut prononcée. À ma naissance, en cadeau de bienvenue, mon père me donna le prénom de sa nouvelle femme : Germaine.

Ma mère, un peu plus désespérée, un peu plus pauvre, retourna avec ses deux filles à Oran où elle s'installa dans le quartier juif.

Elle redoutait de rester seule, c'était mal vu dans le milieu qui l'entourait ; il était difficile, sans homme, de se défendre, d'élever des enfants. Avec un homme qui représentait une garantie de sécurité, sa situation serait redevenue normale. J'étais trop jeune pour m'en rendre bien compte mais, chez nous, il en passa plusieurs. Je ne sais pas pourquoi aucun ne restait. Je savais que j'avais un papa, un vrai, je connaissais sa photo. Toujours éprise de lui, ma mère pleurait souvent en la contemplant. Je l'admirais beaucoup, je le trouvais beau et comprenais mal pourquoi il n'était pas là. Une de mes tantes me dit qu'il était marié, lui aussi, mais avec une autre femme. C'était peu satisfaisant, mais déjà je savais que « c'était la vie... ».

Je n'étais pas bien vieille, sept ans, quand ma mère rencontra Joseph. Du jour de leurs noces, il me reste une image : ils sont là dans leurs habits les plus propres, ceux des dimanches, assis côte à côte sur le bord du lit et ma mère lui pose doucement la main sur sa cuisse très haut, près d'un pli du pantalon : « Je te fais mal ? » lui demande-t-elle. Elle voit mon regard ; gênée, je détourne les yeux sans savoir pourquoi.

« Va jouer avec ta sœur ! » ordonne-t-elle.

Et puis les choses se répètent : Joseph n'a pas de travail. « À Paris c'est sûr, on en trouve et bien payé. » Alors, nous repartons. Un voyage de cauchemar. À Marseille, nous n'avons pas assez d'argent pour prendre un billet de train pour moi. Je reste de longues heures sous la banquette, étouffant, coincée entre les valises.

Comme il n'y a pas plus d'emploi pour Joseph en France qu'en Algérie, ce ne sont plus trois bouches, comme au précédent séjour, mais quatre que ma mère doit nourrir en piquant jour et nuit des robes, en façonnant des chapeaux.

Les conditions de travail sont épouvantables, nous n'avons qu'une pièce sombre transformée en atelier. La machine, les mannequins, la table de couture, la glace, les chaises, occupent tout l'espace. Le soir, on ouvre des lits-cages.

Ma sœur et moi sommes fascinées par l'élégance des clientes. S'en aperçoivent-elles ? Nous voient-elles seulement ?

Parfois, ma mère triche et leur demande un métrage de tissu plus important. Dans les chutes, elle nous habille.

Ces clientes qui nous ravissent, qui représentent tout ce que nous n'avons pas, nous ne les voyons que le jeudi ou le soir en rentrant de l'école de la rue Dussoubs. Au retour, nous traversons le passage du Caire où travaillent des costumiers de théâtre, les poubelles sont pleines de trésors, des merveilles de strass, des bouts de plumes de toutes les couleurs. Nous les fourrons dans nos poches, nos cartables, et le soir, avant le retour de Joseph, nous nous déguisons en « Dames », la chemise de nuit de maman, ses hauts talons, nos paillettes, nos bouts d'autruche, nous déambulons sur le palier : je suis princesse de couloir.

Mais dès que l'heure du dîner approche, vite, nous nous dépouillons de nos splendeurs ; Joseph va arriver, à son retour, nous devons être couchées. J'ai très peur de lui, je n'ai que huit ans, ma sœur douze. Il ne nous parle jamais, il ne nous aime pas. Ma mère maladroite, insiste : « Vois comme elles sont mignonnes mes filles !... » et cela l'agace. Notre beau-père est nerveux, jaloux, brutal, peut-être à cause de ces journées où il traîne à ne rien faire et qui lui pèsent.

Le soir, de mon lit, j'entends le couple se disputer ; souvent aux cris succède le bruit mat des coups. J'attends ce moment avec angoisse, les larmes qui suivent m'apaisent presque, elles indiquent que, pour cette nuit, c'est terminé.

Parfois, n'en pouvant plus de tant de violences et de larmes, ma mère se sauve avec nous, elle se cache dans un hôtel. Il la retrouve toujours. Il se traîne à ses genoux, promet tout ce qu'elle demande et, deux jours plus tard, les scènes recommencent.

Penchée près de la fenêtre, ma mère coud, le dos rond. Pendant des heures, elle nous parle du soleil d'Oran. « Ici vous ne savez pas ce que c'est, celui de là-bas, il chauffe, et il rend gai. Oh ! bien sûr, il n'y a pas de travail, encore moins qu'en France. Tous les jeunes veulent monter à Paris pour épouser une riche Française, c'est l'idée qu'ils se font de la réussite. C'est la misère, mais là-bas on n'est jamais tout à fait aussi pauvre qu'ici, on a le soleil ! Et puis j'y ai laissé ceux qui m'aimaient… Ici je ne suis rien. »

Elle rêve : elle mettrait un peu d'argent de côté et elle rentrerait chez elle, son père, sa mère, ses trois sœurs l'attendraient et ce serait la fête.

« Vous verrez mes petites, la vie est si bonne là-bas… »

Ces visions s'accordent avec les vagues souvenirs ensoleillés que j'ai conservés de notre passage en Algérie. En attendant, je vais au patronage, aux leçons de gymnastique, et parfois même au cinéma avec ma sœur. Elle n'aime que les films d'épouvante, Frankenstein est son favori, et mes nuits se peuplent de cauchemars.

Ces jours-là, j'ai l'impression d'être une petite fille comme les autres. Je connais le visage de mon père car j'accompagne ma mère lorsqu'elle va toucher l'argent de notre pension. L'entrevue est brève, froide, mais moi je rêve qu'un jour il viendra nous chercher, qu'il laissera tomber les autres et que nous partirons ensemble vers le bonheur ensoleillé d'Oran.

De ces moments-là il ne subsiste rien, pas une photo, pas un jouet, pas un ruban. Une époque effacée.

De cette enfance, je conserve quelques clichés épars gravés au fond de ma mémoire.

Comme beaucoup de couturières, ma mère chantait. J'adorais *Le chaland qui passe.*

*Ne pensons à rien, le courant*
*Fait de nous toujours des errants.*

Je trouvais à ces deux vers une poésie extraordinaire, comme le résumé d'une vie. Cela allait être la mienne.

Son dénuement avait donné à ma mère un début de conscience politique. Passionnée par le socialisme elle me mettait debout sur la table et m'apprenait *L'Internationale.* Je comprenais mal mais j'aimais « ces damnés de la terre », « ces forçats de la faim », et je pressentais derrière ces vers une force que j'allais mettre quarante ans à reconnaître : la liberté.

Nous étions en plein Front populaire et du 14 juillet 1936 m'est restée une impression de liesse. Tout le monde est joyeux, on danse dans les rues.

Sur ces quelques images heureuses de mon enfance, maman me tient toujours près d'elle. Probablement ai-je gommé les autres. J'avais un tel besoin de son amour. Cependant, je n'étais pas jalouse de l'enfant qu'elle attendait. Nous en parlions souvent, elle voulait un garçon « parce que, tu comprends, on aura un homme à la maison et puis il sera plus heureux qu'une fille ». J'étais de son avis, c'était mieux.

Peu de temps avant la date prévue pour l'accouchement, ma mère s'était mise à tousser des nuits entières. Notre chambre d'hôtel était très mal chauffée. Chaque soir, en rentrant de l'école, je la trouvais penchée sur des coupes de tissus, un peu plus pâle, les yeux un peu plus cernés. Elle cousait, le torse enveloppé dans la ouate Thermogène qui piquait les yeux. Parfois, j'imaginais que c'était cette odeur forte qui la faisait tousser. Enfin, un jour, elle ne s'est plus levée. L'épicier de la rue de Cléry nous réchauffait des pois cassés que je détestais. Butée, je protestais :

« Je ne veux pas que maman soit malade ! »

L'accouchement ne devait plus tarder, et comme ma sœur et moi ne pouvions pas rester seules à l'hôtel, nous avons été admises à l'Assistance.

Le matin de l'enterrement, les bonnes dames de l'Assistance publique nous cousent un brassard noir sur nos manches de manteaux, nous mettent des chaussettes, des souliers et un béret. Tout est noir. Impressionnées, silencieuses, nous attendons. « Votre père va venir vous chercher. »

Je ne l'ai pas vu depuis longtemps. Il entre enfin dans le parloir qui sent la cire, il est accompagné de sa femme. « Venez, nous dit-il, nous allons embrasser votre mère. » À la morgue, c'est froid, nu, cela sent le désinfectant. On me traîne auprès d'une immense boîte. Je comprends que maman emmène le petit frère avec elle dans la tombe. Je crie que je ne veux pas. Le couvercle est posé sur la bière jusqu'aux épaules. On voit son visage recouvert d'une mousseline blanche, mais je le reconnais bien. C'est la dernière vision que j'aurai d'elle : belle comme une statue.

Au cimetière nous a rejoints une des sœurs de maman, ma tante Rachel qui, je ne sais pourquoi, se fait appeler Rosette. Accablée de chagrin, elle ne parle à personne, et part très vite, sans même un au revoir. J'aurais tant voulu m'accrocher à elle.

Obligé par la loi – il est notre tuteur légal – mon père nous emmène chez lui, plutôt chez sa femme. Pour lui, ce ne peut qu'être provisoire. Il désire se débarrasser de nous le plus vite possible, et retrouver son existence aisée avec sa femme et leurs trois filles, nos demi-sœurs qui, copiant l'attitude de leur mère, ne nous regardent même pas. C'est encore ce qui peut nous arriver de mieux.

Dans cet endroit où nous sommes visiblement méprisées, la vie est intenable.

Comment ai-je pu supporter de le voir câliner tendrement ses filles qui n'étaient pas davantage que moi ses enfants ? Réfugiée dans un coin, recroquevillée sur moi-même, je regardais vivre avec ses filles cet homme qui, je l'avais rêvé, m'emporterait…

J'avais dix ans. J'étais orpheline chez mon père.

Les choses se précipitent heureusement. Ma tante Rachel-Rosette désire retourner au pays. Ma mère morte, elle n'a aucune raison de rester à Paris. Les menaces de guerre de plus en plus précises lui font redouter de ne plus revoir ses parents, elle décide de partir pour Oran avec l'une de nous.

Je ne sais comment, un soir, je me retrouve à la gare de Lyon avec ma petite valise, tenant la main de tante Rosette. Nous partons pour l'Algérie, pour le soleil.

# 2

Ma mère ne m'avait pas trompée, le soleil était bien partout dans la rue, sur les places. De l'Algérie heureuse, c'est à peu près tout ce que j'ai connu, le soleil.

Lorsque nous arrivons à Oran, mon grand-père maternel vient de mourir ; sa femme se retrouve seule avec deux filles, mes tantes, Aïcha et Messaouda. Aïcha l'aînée est célibataire, Messaouda aussi, seulement elle a un petit garçon : une histoire banale. Après l'avoir séduite, le père de l'enfant l'a abandonnée pour se marier avec une jeune fille vierge et de « bonne famille juive ». Avec ma tante Rosette et moi, cela faisait six personnes pour ce petit appartement de deux pièces ouvrant sur un patio, en plein cœur du quartier juif, rue du Mont-Thabor.

Quelques mois plus tard, ma sœur était venue nous rejoindre, et nous étions sept. Mon père avait obtenu que nous soyons recueillies par ces gens pauvres en leur promettant qu'il leur verserait une pension jusqu'à notre majorité. Ce qu'il ne fit pas. Avec la mort de ma mère, sa dette s'était éteinte, ainsi le considéra-t-il.

Ici, rien ne ressemble à ce que j'avais connu à Paris, où nous n'étions pas enfermés dans un quartier. Même si en allant rue des Rosiers on rencontrait des juifs en cafetan, en chapeau de castor posé sur les « paiès », les boucles traditionnelles, il n'y avait pas de limites de territoire, chacun allait et venait, pouvait s'installer dans le quartier de son choix. Les gens se groupaient par affinités de communautés et non par obligation de résidence. À Oran, être juif et pauvre signifiait obligatoirement habiter dans le quartier juif. Au début celui-ci ne pesa pas sur mon enfance, je ne connaissais rien d'autre et j'aimais sa vie, sa couleur. J'y retrouvais les souvenirs de notre précédent séjour de cinq à huit ans.

Dans cette ville, à cette époque, les canalisations d'eau courante distribuent de l'eau salée. L'eau douce est précieuse, les porteurs d'eau arabes en font commerce. Chez nous les juifs, ce sont les femmes, les petites filles qui vont à la source, un lieu privilégié qui concentre toute la vie du quartier. Les femmes s'y rencontrent, se groupent en essaim autour du filet d'eau claire qui jaillit entre les roches. Les nouvelles, les ragots y circulent, on y apprend les fiançailles, les mariages, les *Bar mitzvas* [1], les circoncisions [2], les décès. Plusieurs fois par jour, j'assure la corvée d'eau et, comme je dois attendre mon tour, m'effacer devant les personnes âgées, j'y fais de longues haltes. Près de la fontaine, assis sur une grosse pierre, règne le *Chabani* [3] dont le visage sombre est un champ de rides où apparaissent de grandes dents jaunes. Il interpelle toutes les femmes qu'il connaît par leur nom, qu'elles soient juives ou arabes. Les deux peuples sont mêlés, unis dans la même musique, la même misère, le même langage. En partant, leur broc, leur seau, leur cruche à la main, à la hanche ou sur la tête, les femmes lui glissent furtivement une piécette dans le creux de la main. Il referme ses doigts, porte l'index à ses lèvres, puis l'embrasse : « *Sarrha* [4]. Que Dieu te protège ma fille ! ».

Installé sur sa pierre, il guette, les yeux mi-clos, celle qui va s'approcher de lui pour lui demander la signification du dernier rêve de la nuit, le prémonitoire, celui qui est chargé de son avenir. Chaque jour qui se lève trouve ces femmes apeurées, inquiètes, prêtes à désespérer ou à se réjouir, si Dieu le veut ! Ne faut-il pas sans cesse faire face au malheur, conjurer le mauvais sort ? Guettant le moindre signe d'alerte, elles viennent vers le Chibani. Que Dieu soit béni si, grâce à lui, elles mettent au monde un garçon. Elles se croiront maudites si elles sont frappées de stérilité ou si elles enfantent une fille.

À la vie quotidienne sont sans cesse mêlés des gestes et des paroles censés conjurer le mauvais sort. Au milieu de recettes de cuisine, de potins, les femmes content au Chabani ces rêves qui les obsèdent, qu'elles se sont déjà craintivement racontés les unes aux autres. Lui seul possède la science réelle.

Alors, comme un ruban peint, il fait défiler en images le rêve, l'expliquant, y mêlant textes sacrés et paraboles. J'écoute, bouche bée, ces contes, pour moi mystérieux, mais si clairs semble-t-il pour les femmes respectueusement assemblées, et je me demande pourquoi rêver de sang est l'annonce d'un malheur, pourquoi le poisson signifie abondance et les cheveux, soucis. Comment les poux peuvent-ils être signe d'argent et les dents promesse de mort ? Ce conteur, personnage important, veille sur les pratiques des règles religieuses. Il s'adresse à nous, les enfants, toujours nombreux à la fontaine, et nous menace de toutes sortes de malédictions si nous ne jeûnons pas le jour du « Grand Pardon ».

Pour le Yom Kippour, le rituel exige que, la veille, ont ait brûlé dans les foyers un très gros cierge, égorgé un poulet par fils, lancé des pièces de monnaie, préparé la table d'apparat, pétri le pain, confectionné des pâtisseries et des confitures. Pendant vingt-six heures, pas une bouchée de nourriture, pas une goutte d'eau ne doivent être prises. Dans les rues du quartier retentit la longue plainte de la corne de bélier. Le shofar lance trois appels désespérés, invitant les juifs à la prière, à l'expiation de leurs péchés.

La fin du jeûne est célébrée par les cris des enfants qui courent vers les tables garnies, oublieux de l'école du lendemain.

L'école pour moi n'est pas un sujet d'émerveillement mais d'étonnement. Je fréquente l'école communale située à la limite du quartier juif. L'histoire, bien que parfois mystérieuse, me fascine. Pourquoi ne me parle-t-on jamais de Moïse et d'Aaron, ni de beaucoup de mes ancêtres gaulois ? Comment imaginer grand-père Mardochée, tellement pieux, en costume de druide, célébrant la fête du gui, une plante mystérieuse, inconnue et qui, de plus, a un rapport avec Noël, l'an neuf, et qui porte bonheur ?

Autre chose : on m'enseigne qu'avec la conquête de l'Algérie, les Français ont apporté les bienfaits de la civilisation à ce pays peuplé de nomades, vivant sur des terres incultes desséchées par le soleil. Les colons ont irrigué, cultivé, rendu fertile cette désolation. D'un pays pauvre, improductif, ils ont fait un pays riche, prospère. Les nomades sont devenus des travailleurs sédentaires.

Les Français ont ouvert la voie du progrès à l'Algérie. Ils ont construit des villes, des ports. Grâce à eux, nous pouvons marcher dans de belles rues, longer de belles avenues, des boulevards à l'ombre fraîche, nous avons de beaux bâtiments publics, mairies, hôtels des Postes, préfectures, hôpitaux : je ploie sous tous ces bienfaits qui ne s'accordent pas avec ma réalité, cela se passe ailleurs.

Nous n'avons pas l'électricité, nous nous éclairons à la bougie, – les plus riches au pétrole –, l'eau ne coule pas d'un robinet. Dans nos rues grouillent la misère, la maladie. Des vieux avant l'âge ont le visage rongé par la lèpre, un trou noir à la place du nez. Des mendiants accroupis dans la pénombre tendent des moignons ulcéreux, des femmes décharnées offrent à de petits squelettes un sein plat comme une galette. Les enfants ont la morve au nez, la tête galeuse, pleine de poux. On voit des visages d'enfants où deux lacs purulents, couverts de mouches, ont remplacé les yeux. Les autres, les plus robustes, courent en bandes criardes, chapardant aux étalages une orange ou une pomme de terre crue, qu'ils se disputent ensuite, sous les insultes et les vociférations des épiciers : « Maudit soit le con de ta mère qui t'a mis au monde ! » « La putain de tes morts : ton père, ton grand-père et tous ceux qui l'ont précédé. »

Non, l'école n'est pas le lieu où l'on enseigne la vérité. Pourtant tout n'est pas faux. Nous savons, nous les gosses du quartier juif, que, hors de nos limites, il existe de belles maisons, des villas opulentes, de larges avenues, des parcs avec des jardins exotiques, ou à la française comme le Petit-Vichy, et surtout, inaccessibles, des lycées, des universités.

De temps à autre nous parviennent des preuves de l'existence de cet autre monde. Le chiffonnier qui déballe sa marchandise d'occasion dans nos cours étale des toilettes défraîchies mais somptueuses, et propose pour les enfants des sarraus avec de petits cols blancs empesés, des chemisiers aux initiales brodées. Ainsi, il y a des écoliers qui portent ces beaux habits.

Ce monde étrange et lointain commence pourtant aux portes du quartier, il suffit de traverser la place d'Armes pour y pénétrer. Deux énormes lions trônent sur la place comme pour défendre une frontière imaginaire mais pourtant réelle. De ce côté, tout est plus calme, même les marchands arabes ont l'air moins excités. L'un vous offre la fraîcheur de son eau conservée dans une peau de bouc, l'autre des figues de Barbarie que, d'un geste rapide, il épluche tout entières ; un autre encore des galettes de *calentica* [5].

Sur les terrasses ombragées de la rue d'Arzew, les Français boivent l'anisette, toujours accompagnée d'une somptueuse *kémia*. On ne peut pas ne pas sentir l'odeur des merguez qui vous pousse à faire des folies.

L'Algérie, son soleil, ses senteurs épicées, le parfum des mandariniers, des orangers, l'odeur du jasmin, la langueur des nuits bleues de l'été, tout cela est bien vrai, c'est un aspect de l'Algérie coloniale, mais il y en a un autre, celui que j'ai vécu.

Le cireur arabe que l'on chasse d'un preste coup de pied au cul : « Ils ont le cuir dur et pas d'amour-propre, on se débarrasse d'un, il en revient dix ! » Peut-on avoir de l'amour-propre lorsque le ventre est vide ? « De la graine de fainéants, ils feraient mieux d'aller à l'école. » Laquelle ?

Pour les Français, Juifs et Arabes sont unis dans le même mépris : un élément pittoresque, sale mais coloré. Ils viennent nous visiter, nous faisons partie, avec le « village nègre » et les « souks », des attractions, on y amène l'invité, l'ami de la métropole. Ils regardent les petites moukères de dix ans tisser les couvertures, les artisans marteler les cuivres ciselés, les bijoux d'argent. Ils achètent des épices, ils marchandent – « ils aiment ça » –, discutent et partent triomphants avec leur théière pour le thé à la menthe, leur cuillère en bois ou leurs ustensiles de cuivre. Ils retournent dans leur villa, ruisselante de fraîcheur et de fleurs.

Ils s'éventent, chassant les mouches, regardant les bateaux partir pour Port-Vendres, Marseille, donnant des ordres à Ali, Mohamed ou Mustapha, « *Fissah ! Fissah !* », leitmotiv, ponctuation de tous leurs discours.

De cette époque, il me reste surtout notre histoire, véhiculée par nos parents, nos grands-parents. Le soir, c'est un rite, il y a toujours un vieux assis devant sa porte pour psalmodier d'interminables couplets dont il invente les paroles. Nous nous groupons, la journée finie, sur les terrasses, dans les patios, dans la rue, devant une porte. Commence alors la longue marche des Juifs, à la recherche de leur destin, comme se déroule le parchemin de la Thora.

« Te souviens-tu, dit l'un, du fils de David ?

– Oui, reprend l'autre, il a épousé la fille de Jacob et ils sont partis pour Alger, puis pour la France… » et la diaspora des familles devient l'histoire.

L'on palabrait dans un arabe enrichi de proverbes hébraïques, l'on fouillait le passé de conteur en conteur, remontant ainsi aux sources mêmes.

« Oui… », disait grand-père Mardochée, qui portait sur la tête le tarbouch jaune brodé d'or, la gandoura et le pantalon noir bouffant des Arabes, « quand je suis arrivé ici, de Mogador, il n'y avait pas de famille Lévy, et c'est moi qui ai baptisé tous les fils d'Ephraïm. »

Ils parlent aussi des quartiers où les Français ne s'étaient pas encore installés. Plus tard, le quartier s'est resserré.

Le soir venu, ces hommes qui, de la journée, ne font rien alors que travaillent les femmes, parlent. C'est leur tâche et ils font revivre le passé.

Les soirs d'été, l'air limpide nous renvoie des senteurs ambrées. C'est alors que s'élève le premier chant modulé. La voix est prenante. Sur le pas de sa porte un homme est assis au milieu des femmes, des enfants. Ses mains rythment la mélopée sur un petit tam-tam posé entre ses genoux. Il se lamente, pleure ses chimères, la belle est partie…

Mais lui, il reste.

*Ce chant si doux à son cœur… cœur… eur. Et ce chant lui dira mon amour… our… our…*

You, You, répondent les femmes.

*Ma vie… ie… ie… ie… Mon cœur… eur… eur…*

L'auditoire est au bord des sanglots.

Parfois une mandoline se joint au chanteur, elle égrène ses notes, n'en finit pas de vibrer tandis que la dernière syllabe du chant s'étire, s'étire…

*Oye, oye, oye… Aïe, aïe, aïe…*

Des mouchoirs sortent, les yeux deviennent humides : souffrances, regrets, joies mélancoliques, les mélopées parlent d'amours jamais vécues, de voyages jamais réalisés, d'aventures jamais tentées, et les mêmes désirs portés par les mêmes soupirs traversent les ruelles étroites du quartier.

« *Ya Rassrhah*[6] ! » disent les femmes.

C'est le chant qui raconte l'histoire d'un peuple égaré, c'est la quête d'un passé qui ne veut pas mourir.

Pour moi, seule cette histoire est réelle.

Le vendredi, veille du shabbat, je vais chez mes grands-parents paternels, Mardochée et Zorah, que j'appelle « Papa Dochée et Maman Yaya ». Vieillard à barbe blanche, il a des yeux bleus pétillants de malice et de bonté. J'imagine ainsi les prophètes dont il me parle.

Maman Yaya est une femme douce, plutôt silencieuse, qui prie en regardant le ciel. Aucun d'eux ne comprend le français, ils ne parlent que l'hébreu ou l'arabe. Papa Dochée écrit sur du parchemin des textes sacrés, avec la pointe d'un roseau qu'il taille en biseau. C'est très beau. Le geste d'une prière qui se perpétue.

Parfois il me tient la main, la guide. Je trace des caractères semblables à des dessins sur des bouts de parchemin, et il rit de ma maladresse et de mon émoi.

Papa Dochée me fait participer à tous les gestes de sa vie. Quand, dans une tabatière d'argent ciselé, il prend une prise, il m'invite à l'imiter. J'éternue aussitôt, il rit et grand-mère aussi. Rire tous les trois comme des enfants, c'est le bonheur.

Puis, le soir c'est le *kiddouch*[7]. La table est recouverte d'une nappe immaculée, les bougies du chandelier à sept branches éclairent nos visages graves, j'écoute grand-père réciter la prière, puis il rompt le pain que grand-mère a pétri. Il y dépose quelques grains de sel, me le tend, verse du vin dans un verre, y trempe ses lèvres et me le passe. J'apprécie la solennité de la célébration et la sérénité qui règne au long de ce repas traditionnel. À la fin du dîner, il me prend sur ses genoux, pose sa main sur ma tête dans une caresse et me bénit en hébreu : « Que Dieu te protège ma fille. » C'est ainsi que je prends conscience de l'âme juive.

Le soir, nous montons sur la terrasse et nous regardons s'allumer les lumières du ciel. De son doigt levé, grand-père me désigne les étoiles gravement, comme s'il me délivrait un message ; il me dit leurs noms.

Je n'oublierai jamais la douceur de ces nuits, pendant lesquelles je voyais le visage majestueux, prophétique de Papa Dochée. Je lisais dans ses yeux tout l'amour du monde, toute la foi en Dieu.

À la maison, la vie était très dure, rien de comparable avec ces douces heures passées auprès de grand-père Mardochée. La communauté juive n'aime pas mes tantes. Seules, Aïcha, qui se fait appeler Alice, et Messaouda, travaillent. L'une fait le ménage chez un grand avocat du Barreau d'Oran, l'autre est femme de chambre à l'hôtel Continental, un palace. Quant à tante Rosette, les commérages sont acerbes. « Elle fait la vie », affirment les femmes du quartier. À cela s'ajoute un autre crime : mon père, fils de rabbin, est remarié avec une *roumia* [8]. Je n'imaginais pas à quel point nous étions réprouvées. « Aïe ! aïe, *Ralham* [9] *!* quel péché, ma fille, partir avec une *roumia* et se faire catholique ! »

Dès que nous sortons, on nous montre du doigt. C'est si facile d'insulter des femmes qui n'ont pas d'homme ! Je suis trop jeune pour comprendre pourquoi mes tantes continuent à vivre dans cette communauté tellement dure, injuste avec elles. Plus tard, je penserai qu'appartenir à la communauté leur donnait, malgré tout, l'impression d'une certaine force et même d'une sécurité. Sans doute étaient-elles trop juives, trop enracinées dans leurs coutumes, leurs superstitions, pour ne pas se sentir coupables.

D'ailleurs, nous suscitions tous le mépris. Les Français nous appelaient « youpines » et chez nous, dans le quartier, nous n'étions pas considérées comme de véritables femmes juives. Mes tantes ne pratiquaient pas et elles ne se gênaient pas pour allumer le feu le samedi. Ce jour-là, où l'on ne doit accomplir aucun travail, elles faisaient la cuisine. Cela nous mettait hors la loi. Nous l'étions bien davantage encore en n'ayant pas d'homme à la maison. Sept femmes et pas une capable de retenir un homme au foyer, quelle malédiction pesait sur nous !

Sur le patio où nous habitons s'ouvrent de nombreux appartements. La promiscuité est totale. Dans chacune de ces familles grouillantes d'enfants, il y a au moins un garçon, cette bénédiction de Dieu ! Ne dit-on pas : « Sept fils une place au paradis, une fille une place en enfer. » Être garçon chez les Juifs, c'est chaque matin remercier le Seigneur notre Dieu de vous avoir fait homme.

Entouré de femmes soumises à sa royauté, le futur homme est tripoté, cajolé, adulé jusqu'à l'idolâtrie.

Sarah est enceinte, la nouvelle circule, et quand elle sort de chez elle, dolente et triomphante, tous les regards se tournent vers elle. Déjà, bien que son ventre n'annonce encore rien, elle se promène les deux mains posées sur lui pour le protéger, n'est-il pas le tabernacle du fils ? Car c'est un fils, elle en est sûre. Elle geint au moindre effort, porte le masque de la souffrance, se fait plaindre, s'attendrit sur son sort et parle abondamment du fils attendu.

Il n'existe aucune solidarité entre mères et filles. Ce qu'elles ont subi, elles le font subir, et dès qu'elle est sortie de la petite enfance, la fille sert de servante à toute la maison.

Certaines femmes du quartier sont réputées pour connaître les secrets d'envoûtement les plus importants, ceux qui font revenir le mari volage : du sperme dans un chiffon que l'on brûle en récitant prières et incantations. Celui qui ensorcelle l'homme que l'on désire posséder : le sang de vos propres règles est magique.

Tout est chanté, psalmodié. Chaque acte se termine en invoquant le Seigneur, et la majorité des désirs, des souhaits concerne l'homme, sa possession : bienfait inestimable.

Et moi, je m'endors tourmentée, partagée entre le plaisir de les écouter et le dégoût d'être une fille.

Mes tantes ne nous sont pas hostiles, mais pour aimer peut-être faut-il du temps et une liberté d'esprit qu'elles n'ont pas ? Un climat de misère et de chagrin règne en permanence dans la maison. Grand-mère est-elle trop vieille ?

Je grandis et je me rends compte que mes tantes n'ont pas le temps de s'occuper de nous et moins encore de nous câliner, de nous caresser. Elles nous habillent, nous nourrissent, c'est déjà pour elles une lourde charge largement au-dessus de leurs moyens. Mon père n'a, malgré ses affirmations, pas versé un centime pour nous. Révoltée, tante Rosette l'a même poursuivi en justice, mais le juge a, paraît-il, admis que notre père ne devait rien. Est-ce ce jour-là ou un autre que tante Rosette s'est écriée : « Je n'en peux plus, j'en ai assez de vous nourrir, après tout je ne suis pas votre mère ! »

Une fois lâchée, la phrase était revenue souvent. Et lorsque tout est vraiment trop triste, je m'enfuis dans les rêves d'une vie différente, un paradis que nous appelons « la vie à la française ».

# 3

La guerre est déclarée. C'est loin, pourtant le bruit se propage de la grande famine à venir. En quelques heures, la psychose gagne et la panique fait courir toutes les femmes chez les épiciers.

Très vite nous atteignons la période, qui sera longue, des restrictions. Les boutiques sont pratiquement vides, désespérantes, et chacun s'organise. On boit du café fait avec de l'orge torréfiée que l'on édulcore avec du suc de dattes. On fabrique du savon avec de la potasse et des saponaires. Les réserves sont économisées, parcimonieusement conservées, pour les grandes circonstances, les fêtes juives.

C'est à peu près vers cette époque, que, en silence, grand-mère s'éteint comme la lampe privée d'huile. Maintenant le soir pour m'endormir je suis seule, mes tantes rentrent tard de leur travail, je ne les aperçois que le matin, un instant, avant de partir pour l'école.

Cette époque décolorée dure un temps sans repère, et puis, un matin, tout change. Dans la cour de récréation, la maîtresse tape dans ses mains : « Silence ! Taisez-vous ! Les petites juives, sortez des rangs, vite, mettez-vous là, sur le côté, à gauche. Suivez-moi... »

Elle conduit notre troupeau apeuré dans le bureau du directeur. Je ne l'ai jamais vu, j'ose à peine lever les yeux sur lui.

Il nous fait un discours auquel je ne comprends pas grand-chose, sauf l'essentiel : nous, juives, n'avons plus le droit de fréquenter l'école française.

Ainsi en a décidé le maréchal Pétain.

Au-dessus du fauteuil du directeur, dans chaque classe, il y a son portrait. Un visage noble, grand-père Mardochée rasé, des yeux clairs comme les siens. Et il ne nous aime pas, nous les petites juives, et il nous chasse ! Je ressens ce rejet comme une trahison. Depuis des mois, la maîtresse nous a chanté les louanges du héros sauveur de la France. Pour l'en remercier, elle nous faisait écrire des lettres, des poèmes. Chaque matin nous chantions, comme tous les petits Français, notre reconnaissance. Et c'était ce même maréchal, notre grand-père à tous, qui voulait que désormais les Juifs portent l'étoile jaune pour être signalés à tous.

J'éprouvais une si grande honte de cette marque que j'avais envie de mourir plutôt que de continuer à subir cette angoisse.

Les Allemands n'avaient pas eu besoin d'occuper l'Algérie pour que l'hostilité envers les Juifs se répande. Les murs se couvraient d'affiches dénonçant les Juifs comme les seuls responsables de la défaite. Les médecins et avocats juifs n'avaient plus le droit d'exercer, et l'on nous ôtait celui de nous instruire. Ignorants, nous serions moins nuisibles.

Des tracts circulaient incitant les honnêtes citoyens à faire leur devoir en dénonçant les profiteurs juifs. Ainsi seraient-ils dignes d'être Français. Nous ignorions que la marche vers les camps de concentration était commencée.

Au matin, nos murs étaient salis de graffiti insultants et malodorants ; des étoiles de David dessinées avec des bâtons merdeux ; des slogans menaçants remplis de haine que les gosses, qui n'allaient plus à l'école, lavaient à grande eau. Le lendemain, tout était à recommencer.

Le patron de tante Aïcha ayant été rayé du Barreau, elle se retrouva sans emploi, et Sarah fut, elle aussi, renvoyée de l'hôtel Continental. Les *fatmas* continuaient à travailler, mais non les Juives. Seule tante Rosette rapportait encore un peu d'argent à la maison, celui que lui donnait un ami, un vieil homme qu'elle rencontrait une fois par semaine.

Nous manquions de tout, à peine pouvions-nous acheter un peu de pain rationné. Nous complétions avec des biscuits rongés par les charançons.

Le consistoire israélite n'avait plus grand pouvoir, il était débordé de demandes, de plaintes de familles tout aussi misérables que la nôtre. Aussi après s'être adressées à lui, mes tantes eurent l'idée d'aller à la mairie.

Pour elles, on ne pouvait rien. Mais, pour moi, un employé avisé leur conseilla d'essayer de me faire admettre à l'orphelinat du Bon Pasteur. Cet établissement, situé à quelques kilomètres d'Oran, à Misserghinn, accueillait non seulement des orphelines mais aussi des délinquantes mineures.

J'avais beau être très ignorante, sa réputation de dureté était parvenue jusqu'à moi. Même ici, dans le quartier juif, les mères excédées par les sottises de leurs filles les menaçaient de Misserghinn.

C'était là que je devais aller.

« Au moins ma pauvre petite, tu mangeras tous les jours », m'avaient dit mes tantes auxquelles cette solution ne plaisait qu'à moitié. Mais elles n'en avaient pas d'autres.

J'ai douze ans lorsque je franchis le seuil du Bon Pasteur. Tante Aïcha m'embrasse, c'est fini, je reste avec la bonne sœur.

Tout mot de bienvenue est inutile, je n'entre pas au Paradis. La sœur me dit : « Suivez-moi. »

Elle me paraît jeune ; l'envol d'une cornette empesée accompagne ses mouvements. Plus tard, j'apprendrai la différence entre les sœurs converses, anciennes pensionnaires, sans dot, touchées par la grâce, ou par l'angoisse d'entrer dans un monde qui leur faisait peur, et les mères qui portent voile noir, coiffe et guimpe blanches empesées. Filles de la bourgeoisie, elles sont l'aristocratie du couvent-prison et le régissent.

La sœur me conduit dans une grande lingerie. De ma vie je n'ai vu autant de vêtements rangés, pliés, de linge de toutes sortes. Quelques sœurs surveillent les repasseuses, l'atmosphère y est chaude et humide.

« Déshabillez-vous. »

J'enlève ma robe, garde ma culotte et une sorte de petite chemise ; il ne fait pas froid mais je frissonne.

« Toute nue », m'ordonne-t-elle.

Maintenant, je grelotte de honte. Elle se penche sur mes défroques, les saisit du bout des doigts, les examine.

« J'en étais sûre, elle est pleine de vermine. Levez les bras ! »

Elle m'inspecte. Appelle : « Sœur Marie-des-Anges, voulez-vous venir, j'ai besoin de votre aide ! » Leurs yeux me fouillent.

« Elle est pleine de poux ! Vous allez voir, ici nous avons un moyen efficace pour vous empêcher de contaminer les autres. Restez tranquille, on va vous tondre. »

Je crois bien que je ne connaissais même pas le mot. En deux coups de ciseaux elle coupe ma natte épaisse qui tombe à mes pieds. Je la regarde, hébétée, tandis que sur ma tête passe le froid de la tondeuse. Aisselles, pubis, je suis rasée partout.

« À la douche. »

Je suis inondée d'une sorte de lotion soufrée. Je dois me laver avec un savon qui sent l'œuf pourri. Rincée, à moitié séchée, on me donne un jupon blanc, une jupe bleue, taillée dans un tissu grossier très épais, qui m'arrive jusqu'aux chevilles, une sorte de caraco, des culottes longues qui me descendent jusqu'aux genoux, et un bonnet que je ne dois porter que pour les offices.

« Allez venez, vous arriverez juste à temps au réfectoire ! »

Me montrer ainsi accoutrée avec ma tête rasée ! J'en rougis de honte. Les quelques pas que je dois faire pour rejoindre ma place m'angoissent. Je n'ose lever les yeux. Debout, les filles récitent une prière à laquelle je ne comprends rien. En m'asseyant, je regarde enfin autour de moi : je ne suis pas seule dans mon état, nous avons toutes le même costume, et les crânes tondus sont nombreux. J'apprends très vite que c'est le sort réservé aux nouvelles venues et aux fortes têtes. Il y en a pas mal !

Une surprise agréable : la nourriture. Il y a bien longtemps que je n'ai pas mangé à ma faim, un potage, des pommes de terre, des légumes, du pain. Soudain la vie me paraît presque agréable. Le repas est pris en silence, une grande lit un passage de la vie d'une sainte.

Après le dîner, en rangs, silencieusement, nous nous rendons dans une grande salle où la mère supérieure fait son entrée, suivie des mères. C'est la prière du soir, elle dure une heure pendant laquelle nous restons agenouillées sur le carrelage. C'est long. Enfin, nous sommes conduites au dortoir : une trentaine de lits, deux rangées qui se font face. Un drap, une couverture brune, pas d'oreiller. À genoux, de nouveau, la dernière prière en chemise de nuit. De toute ma vie, je n'ai jamais autant prié. M'allonger entre les draps rugueux me paraît être un moment exquis. À plat sur le dos, je lève les yeux. En face de moi, très haut, inatteignables, des fenêtres, munies de gros barreaux noirs que le couchant dore. Derrière, le ciel est rose, très pur, immense et si loin.

Je suis en prison. Les fenêtres verrouillées hors de notre portée ne peuvent être ouvertes que par les sœurs. Vaincue par la fatigue et l'inquiétude, je m'endors.

Le lendemain, je suis réveillée par le bruit de la crécelle que la sœur agite. En file, nous allons aux lavabos : une dizaine contre le mur. La serviette à la main, nous faisons la queue ; cela ne dure que quelques minutes. Nous devons nous laver le visage, les dents, sous les bras, et surtout, par crainte des pires châtiments infernaux, nous ne devons pas toucher au reste : les seins et le sexe. Je suis trop endormie, trop étonnée aussi pour me rendre compte que les filles, serrées les unes contre les autres, forment un paravent à l'abri duquel l'une d'entre elles peut laver cette partie honteuse appelée le « bas du corps ». Tout cela doit être fait très vite, il faut se dépêcher, revenir près de son lit s'habiller. Dans l'aube qui pointe à peine, les cloches de la chapelle sonnent. Nous allons y entendre la messe. Tout le couvent est présent : les mères occupent le centre, les sœurs les côtés, nous le fond.

Nous nous levons, nous nous agenouillons, nous nous asseyons, mécaniquement. Les filles répondent au prêtre qui, devant l'autel, fait des gestes incantatoires et psalmodie dans une langue qui m'est inconnue. C'est encore plus obscur et plus long que la prière du soir. Enfin, on nous conduit au réfectoire. Devant un grand bol de café au lait et des tartines de pain beurré, mon moral remonte.

Le couvent de Misserghinn a trois activités principales. L'atelier de broderie, la blanchisserie, la culture fruitière et potagère. Ses ouvrières sont réputées dans toute l'Oranie. La bourgeoisie, les colons leur font broder le linge des trousseaux de leurs filles. Des merveilles sortent des doigts des pensionnaires : services de table, draps, oreillers, aux initiales entrelacées brodées au tambour, jours de Venise, point d'Alençon... Quatorze heures par jour, sauf le dimanche, les pensionnaires les plus habiles peinent sur les toiles les plus fines, les batistes les plus aériennes.

La brodeuse doit accomplir sa tâche jusqu'au bout. Cela signifie non seulement qu'un drap commencé par elle doit être achevé par elle – il ne faut pas changer de main – mais encore qu'elle devra le laver puis le repasser.

Pas une d'entre nous ne peut espérer dormir un jour dans une telle paire de draps.

Au lavoir, auquel chaque jour on apporte d'Oran des kilos et des kilos de linge, les filles font tout à la main : savonner, battre, essorer. On peut voir chaque soir des gamines de mon âge pliant sous le poids des draps mouillés aller les étendre au grenier afin qu'ils sèchent dans la nuit. Travaux au-dessus de nos forces.

J'ai beaucoup de chance car la mère me désigne pour le potager et les soins à apporter aux bêtes. Nous vivons en autarcie, ce qui permet au couvent de n'être que peu touché par les restrictions. En dehors de la saccharine, qui remplace le sucre, rien n'entre de l'extérieur. Les vaches fournissent le lait qui est transformé sur place en beurre, en fromage. Les cochons, la basse-cour nous alimentent en viande.

C'est une exploitation agricole prospère et assez importante. Oranges, mandarines et citrons sont récoltés et vendus à l'extérieur ainsi qu'une partie des légumes et de la volaille. Les jours de vendanges, tout le couvent est mobilisé. Car aucun homme, en dehors de notre aumônier, ne franchit nos murs. Nos murs, ils sont hauts, et les bâtiments ont une allure sévère et monacale. Nos champs, nos vignes, nos orangeraies, sont tous clos. Pas l'espoir de la plus petite brèche, d'une porte moins sévèrement gardée. Le Bon Pasteur est avant tout une maison de redressement dont on ne s'évade qu'en rêve.

Les mois que j'ai passés au jardin furent heureux. Biner, sarcler, bêcher, arracher les mauvaises herbes ne me coûte pas. C'est dur, mais beaucoup moins que de broder dans le climat étouffant de l'atelier, où l'on doit travailler en priant jusqu'à ce que la gorge se dessèche et que les lèvres deviennent insensibles.

J'ai même plaisir à être sous les ordres de mère Marie-Thérèse d'origine espagnole, avec qui je soigne les animaux. J'apprends à traire les vaches, je donne à manger aux poules, aux cochons. Très gaie, elle chante tout le temps en espagnol et, à chaque tempo, je crie « Olé ». Il y a bien longtemps que je n'ai pas été aussi heureuse.

Un matin, perchée sur une échelle, je cueille des cerises que je jette dans un grand drap étendu au pied de l'arbre. Il fait beau, les oiseaux chantent, piaillent, se disputent tandis que je fredonne à mi-voix. J'ai envie de lécher mes doigts poisseux du suc des fruits, en manger est défendu. Perdue dans le feuillage, la tête en l'air, je ne pense à rien. Dans le mouvement que je fais pour laisser tomber une poignée de fruits, je baisse les yeux vers le sol et machinalement je regarde autour de moi. Une étrange scène attire mon attention. Un homme, un prêtre, se tient là, debout, il soulève sa robe de bure et me fait de grands gestes de la main. Intriguée, je regarde. Il s'approche et je distingue sous sa robe son sexe, vision effrayante, dégoûtante. Le religieux continue à gesticuler pour m'inviter à venir près de lui. Alors tout s'éclaire en moi : « C'est le diable ! », celui qu'il ne faut surtout pas écouter. Il s'est déguisé en prêtre pour m'inspirer confiance. Mais je ne suis pas dupe. Dégringolant de mon échelle, affolée, courant à toutes jambes, j'appelle à mon secours mère Marie-Thérèse qui se précipite. Il n'y a plus personne. Le diable a disparu. Cette disparition me fortifie dans ma certitude. Aussi, sans rien omettre, je raconte la scène à la mère. Horrifiée, elle m'emmène chez la mère supérieure qui nous reçoit dans la grande salle de réunion. Cela sent le propre et l'encens.

« Ma mère, Germaine a quelque chose à vous raconter. »

Son œil sévère me fixe, il me paraît rond comme celui de mes poules, et aussi inhumain.

« Je vous écoute. »

Je dois refaire mon récit sans rien oublier : la description du bizarre appendice me fait rougir mais pas la mère supérieure dont la bouche se pince.

« C'est tout ?

– Oui, ma mère. »

Le verdict tombe :

« Cette fille vicieuse est possédée du démon. »

Comment puis-je l'être puisque je ne l'ai pas écouté ?

La voix se fait plus forte.

« Petite malheureuse, vous ne méritez pas le pain que nous vous donnons. C'est ainsi, fille pervertie, que vous récompensez notre bonté, la faiblesse dont nous avons fait preuve en vous accueillant sous notre toit. Vous rendez-vous compte que ce pain que vous mangez, beaucoup de petites Françaises en sont privées ! Mère Marie-Thérèse, vous avez eu raison de me l'amener, sa conduite inqualifiable mérite un châtiment exemplaire. »

Le soir, au milieu du réfectoire, je dois rester les bras étendus en croix durant tout le repas. Puis je suis conduite et enfermée, pour la nuit, dans une cellule obscure. Le bruit de mes sanglots n'attire personne et le matin me trouve la tête lourde, bouffie, abrutie, sans possibilité de révolte devant cette injustice.

La suite de ma punition : je suis mise en quarantaine, chassée de mon paradis terrestre, dirigée sur l'atelier de broderie où l'on m'assigne une place que j'occupe dans le silence. Pas une parole, même chuchotée, pas un regard ne me sont adressés. En vain je quête l'ombre fugitive d'un sourire. Mes lèvres, comme celles des autres, ne s'entrouvrent que pour la monotonie des prières.

Pendant la récréation, qu'on nous accorde quand même, je dois me rendre dans un coin avec défense de regarder les autres. J'en conclus que la puissance du diable est réelle et qu'il ne fait pas bon le rencontrer.

Sensible, émotive, je crois tout ce qui se dit dans l'orphelinat, toutes les histoires horribles que les sœurs nous racontent pour nous enlever toute idée de péché en nous inculquant la peur du châtiment. Histoires reprises et déformées par les grandes et par nous-mêmes. Persuadée que nous sommes toutes des pécheresses en comparaison de la Sainte Vierge Marie mère de Dieu, si pure, aux yeux de Notre-Seigneur Jésus-Christ, mort à cause de nos péchés, je vis dans la crainte d'en commettre et dans la peur du diable qui n'a qu'un but : accaparer nos âmes pour nous envoyer brûler éternellement en enfer.

Mon angoisse atteint son comble la nuit lorsque dans mon imagination délirante j'entends rôder les âmes du purgatoire, nous demandant plaintivement des prières qui leur permettront d'avoir enfin accès au paradis.

Mes nuits deviennent cauchemars. Tremblante, les jambes molles, je suis sûre que ces âmes me demandent des comptes, à moi, particulièrement, qui ne suis pas chrétienne et dont les ancêtres ont crucifié Jésus. Lorsque je m'endors enfin, perclue de fatigue et d'angoisse, je me réveille en urinant au lit. Autre drame. Dans ces nuits sombres, habitées d'âmes errantes, j'ai peur d'aller aux cabinets. Et, au réveil, les sœurs me fustigent de leur colère. Elles me donnent une paillasse de crin que je dois chaque matin étendre dehors. Quand il pleut, je dors sur mon matelas trempé.

J'ai beau prier, aucun saint ne s'intéresse à mon infirmité ni n'intercède pour moi auprès des puissances supérieures.

D'ailleurs, nos prières demeurent sans effet. Les années passent sans qu'aucun changement puisse être espéré. Est-ce donc un délit d'être orpheline ?

À la chapelle, ma place est aux pieds de la statue de sainte Marie-Madeleine. Celle-là, je l'aime, je lui trouve une expression plus humaine, plus proche de moi que celle de la Sainte Vierge dont le visage glacé ne se penche même pas vers l'Enfant Jésus. Elle ne m'inspire aucun amour, aucune charité. Quant au crucifix, il demeure pour moi une énigme. Je reste indifférente à cet homme à moitié nu, marqué de sang ; même sa couronne d'épines ne me touche pas. Seules m'émeuvent les scènes colorées du chemin de croix. Là, Jésus n'est pas inaccessible, c'est un homme parmi d'autres, il leur parle, vit avec eux et je comprends que certains l'aident à porter sa croix, que sainte Véronique lui essuie le visage.

Mais qui s'intéresserait à ma conception du catholicisme, même pour en redresser les erreurs ? Je suis une paria. Autorisée à prier, à faire comme les autres, à la chapelle, à l'atelier, mon droit à la participation s'arrête là. Je suis juive et je ne communie pas le dimanche.

Le samedi, mes camarades se pressent en longues files devant le confessionnal. Quels péchés ont-elles pu commettre, alors qu'elles sont si étroitement cloîtrées, surveillées, menacées ? Cela m'inquiète. Plus encore lorsqu'elles me disent en ricanant : « Le curé m'a demandé où je mettais mes mains en dormant. »

Cela aussi est un péché. Tout au long de leur enseignement, les « bonnes sœurs » s'attachent à nous faire perdre la conscience d'avoir un corps. Leurs efforts demeurent impuissants ; chacune d'entre nous s'en préoccupe. Dans cette prison, c'est la seule découverte, la seule recherche que nous puissions faire. Cela va du plaisir solitaire à la confection artisanale de soutiens-gorge. Même celles qui n'ont pas encore de seins en portent secrètement et les bourrent d'ouate chapardée.

Être l'objet de semblables questions ne me tente pas, mais échapper à ce que les autres, dans leur ensemble, considèrent comme une corvée ne me fait nul plaisir. Car j'entends la voix vengeresse des sœurs :

« Tant que vous ne serez pas baptisée vous vivrez en état de péché. »

Elles ajoutent méchamment : « Si Dieu vous rappelle à Lui vous n'aurez pas le droit d'entrer au Paradis ; même le purgatoire vous est interdit. » Au moins, je n'errerais pas dans les couloirs ! « Vous irez en enfer », me prédisent-elles.

Péché, châtiment, expiation sont les mots qui nous accompagnent au long de notre vie quotidienne dans cette prison que nous avons surnommée « Misère-Guigne ». Car dans cette maison du Dieu « tout amour » nous en manquons singulièrement.

Le temps se décolore, il devient un long ruban gris qui s'étire indéfiniment. Me fera-t-on sortir d'ici un jour ? Seuls mon père ou mes tantes ont ce pouvoir. Alors parfois je rêve : on m'appelle au parloir et je m'en vais avec eux. Je compte davantage sur mes tantes que sur mon père.

Les parents n'ont droit qu'à deux visites par an, et déjà deux années se sont écoulées sans que je les aie vues.

« Germaine, on vous demande au parloir !

– Une visite, ma sœur ?

– Vous le verrez. »

Les regards de mes compagnes convergent sur moi, s'accrochent à moi. C'est leur manière, avec leur « alors ? » à mon retour, de participer à cet événement, de ne pas en être complètement écartées.

Je ne sais pas qui vient me voir. Une de mes tantes sans doute. Comme je vais l'implorer pour qu'elle me fasse sortir ! C'est la mère supérieure qui m'accompagne au parloir où tante Aïcha m'attend. Séparée d'elle par une cloison grillagée, que vais-je pouvoir lui dire ? Pour nous permettre de nous embrasser, la mère ouvre un petit guichet qu'elle referme aussitôt.

Impressionnée par le décor sévère tante Aïcha me demande :

« Comment vas-tu ? ta santé est bonne ?

– Votre nièce se porte très bien, répond la mère.

– Ah bien ! dit ma tante, démontée. Tu as bien tout ce qu'il te faut ?

– Et même le superflu. Nos pensionnaires sont fort bien nourries et je connais bon nombre d'enfants qui souhaiteraient être à leur place. »

Ma tante se confond en remerciements pour toutes ces bontés. L'entretien est terminé.

Sortirai-je d'ici un jour ?

Les mois, les années passent, je ne sais pas qui je suis. Suis-je laide ou jolie ? Aucun miroir dans lequel on puisse apercevoir son reflet. Nous nous mirons dans les yeux les unes les autres et, suivant l'humeur taquine de notre vis-à-vis nous avons un gros nez, une grande bouche, la gueule de travers, ou nous sommes vraiment pas mal du tout. « Tu es belle, tu sais. » Allez savoir !

Notre effarante solitude, nous essayons de la combler malgré les interdictions, les menaces. Éprouver de l'amitié, se rapprocher par affinités, c'est suspect. Furtivement, nous détournons le règlement, nos ruses le bafouent, nous communiquons par signes, en chuchotant. L'amitié, l'affection, ne peuvent être que des sentiments troubles, pervers, nous entraînant sur les pentes du vice. Le sentiment qui me lie « à la vie à la mort » avec Thérèse n'a pourtant rien à voir avec leur soupçon.

Avec Thérèse, je bâtis pour le futur un monde de beauté, de bonté, de liberté, au mépris de tout ce que déjà je connais des gens et de la vie. Hors ces murs, plus rien ne pourra nous contraindre, nous blesser. Après on fera ceci, après on ne fera plus jamais cela, on ira au cinéma, on rencontrera un garçon gentil, tendre qui nous aimera et qui nous sortira de notre famille.

« Tu comprends, m'explique Thérèse, je n'ai jamais connu mon père, je suis une bâtarde et l'on m'a enlevée à ma mère parce qu'elle fait la vie. Il paraît qu'elle n'était pas un exemple pour moi, que je suis mieux ici.

– Mais ta mère, toi, tu l'aimais ?

– Oui, elle aussi.

– Alors ils t'ont emmenée comme ça... »

Nous méditons sur les actes incompréhensibles des adultes.

« Pour te mettre ici... »

Cela nous paraît monstrueux et ça l'est.

Comme moi, Thérèse habite Oran mais dans le quartier espagnol à Saint-Eugène.

« Et tu resteras ici jusqu'à quand ?

– Je ne sais pas.

– De toute façon, à vingt et un ans tu partiras forcément. »

À leur majorité les jeunes filles de Misserghinn étaient placées dans les familles bourgeoises comme bonnes à tout faire. Elles avaient été formées pour cela. Il arrivait, tant les filles du Bon Pasteur étaient demandées, qu'elles soient confiées avant leur majorité à une famille. Elles restaient alors sous la tutelle des religieuses, lesquelles à la moindre incartade, les obligeaient à réintégrer le couvent. Parfois cela se passait assez mal. Elles profitaient de leur semi-liberté pour faire une fugue ; elles étaient ramenées par la police menottes aux mains et les sœurs leur promettaient de leur faire passer le goût du monde.

Une nuit, je suis réveillée par une sensation étrange : je sens un liquide tiède sortir de moi, couler le long de mes cuisses, je n'ose pas y porter la main.

Immobile, je guette la transformation qui s'opère dans mon ventre. Je sais ce que c'est. Je suis femme et une bouffée de joie m'envahit : fini l'enfance !

Je me réjouissais trop tôt.

Je sais qu'il ne faut pas en parler tout haut, qu'il faut se rendre à la lingerie et demander à la sœur responsable, avec le plus de modestie possible :

« Une garniture, s'il vous plaît, ma sœur.

– C'est la première fois ? me demande-t-elle, méprisante.

– Oui, lui dis-je, confuse.

– Tâchez de ne pas souiller votre matelas, sinon vous dormirez par terre. »

Avoir ses règles signifie que l'on est apte aux travaux réservés aux femmes. Efflanquée, pâlote, je suis affectée au repassage, heureusement aux côtés de mon amie Thérèse. C'est peu de temps après qu'elle est appelée au parloir.

Quand elle en revient, malgré ses yeux baissés, son visage volontairement neutre, je sais qu'elle est gonflée d'une nouvelle importante.

« Ma mère fait des démarches pour me reprendre avec elle », me chuchote-t-elle.

La vapeur monte des fers trop lourds pour mon bras. Je peine et transpire. Sévère, l'œil de la sœur ne me quitte pas. Le silence est de règle. Enfin, le soir nous pouvons nous parler.

« Ma mère a un ami régulier, il paraît que ça change tout. Dès que je serai dehors, je lui demanderai d'aller voir tes tantes, elle leur racontera la vérité sur ici et elle leur dira qu'on ne peut pas t'y laisser. Tu verras, je t'en sortirai, je te le jure ! »

Partir c'est notre rêve à toutes, ou presque ; peu nombreuses sont celles qui sont résignées, qui n'envisagent pas d'autre avenir et disent : « Dehors, qu'est-ce qu'on ferait ? » Les croyantes et même les athées prient pour être délivrées. La fin de la guerre sert de support à l'espérance : « Je me sauverai, j'irai dans un pays étranger, là où il n'y a pas d'orphelinat » ; « Je me marierai et je viendrai avec les copains de mon mari, nous attaquerons et toutes les filles se sauveront dans la nature... »

Les projets que je fais avec Thérèse me semblent plus réalistes ; leur point de départ est la sortie de mon amie. À partir de là le schéma est simple : prévenues, mes tantes viennent me chercher.

C'est un après-midi que Thérèse est à nouveau appelée au parloir. En vain, je guette son retour. Sa mère a tenu parole. Elle est venue la chercher. Je suis désespérée, je n'ai pas pu lui donner une lettre pour mes tantes et j'ai peur qu'elle n'ait pas emporté leur adresse. Pour éviter toute fuite, toute correspondance avec l'extérieur, quand une fille s'en va personne ne doit être prévenu, pas même l'intéressée.

Thérèse partie, pour moi tout s'écroule. Je suis privée de son sourire, de sa joie de vivre, de son espérance. Incapable de retenir mes larmes je pleure sans retenue du matin au soir. Je refuse de manger, je suis totalement indifférente à ce que les sœurs peuvent faire de moi, à ce qu'elles en disent : « Cessez de pleurer. Arrêtez vos grimaces » ; « Si vous continuez, c'est la quarantaine, c'est tout ce que vous aurez gagné. » Gagné, perdu : des mots sans signification dans une prison. Je veux sortir, instinctivement je sens que mes larmes sont ma seule défense et elles sont intarissables.

Informée de mon attitude par les sœurs, tante Aïcha m'écrit. Bien entendu on me remet la lettre ouverte : « J'ai eu la visite de ton amie Thérèse et de sa maman, elles m'ont dit que tu désirais partir. Patiente encore un peu, la guerre sera bientôt finie et, si Dieu le veut, tout rentrera dans l'ordre. »

Ce n'est pas grand-chose et c'est beaucoup : je ne suis pas oubliée. Je peux espérer sortir avant ma majorité qui m'apparaît tellement lointaine, je n'ai que quatorze ans.

Malheureusement pour moi cette lettre dévoilait à la fois mon amitié pour Thérèse et mes plaintes, ce qui me classa dans la catégorie des « filles malsaines ». Désormais il convenait de m'avoir particulièrement à l'œil, ce qu'elles firent, surveillant étroitement mes moindres battements de cils.

Un matin, une effervescence inhabituelle nous tira de notre torpeur. Les mères, les sœurs vont, viennent, dans un envol précipité de voiles, de cornettes, de jupes, un cliquetis de chapelets. Que se passe-t-il ? « Ma mère, ma mère, les Américains ont débarqué, ils doivent passer par ici. Vite, allez voir, dites-nous ce qui se passe, que l'on sache si c'est vrai ! » supplient les sœurs.

Lorsque la mère tourière revient, une nuée de coiffes l'entoure, la presse de questions :

« De grâce, les avez-vous vus ?

– Ah mes sœurs, si vous saviez : la route d'Oran est envahie par des voitures si serrées qu'elles vont au pas, des autos comme jamais je n'en ai vu : kaki, découvertes. Les soldats laissent pendre leurs jambes dehors, ils sont couverts de poussière et il y a beaucoup de nègres parmi eux. Tous rient. Les gens les suivent. Ils distribuent du chocolat, des cigarettes, du pain ; ils parlent très fort. En tout cas, je peux vous assurer, mes sœurs, que ce ne sont pas des Français. »

Bien entendu, nous ne verrons jamais ces soldats. Mais presque tout de suite nous avons la preuve de leur existence. Une garnison installée à Misserghinn se fait blanchir chez nous.

Ce linge nous arrive par sacs individuels et avant de le laver nous devons en marquer chaque pièce avec du fil rouge. Nous faisons toutes sortes de trouvailles : des tablettes de chocolat écrasées, des cigarettes, du chewing-gum, des bouts de savonnettes dont nous n'osons pas nous servir par crainte que leur odeur délicieuse ne nous trahisse. Un briquet oublié, parfois une photo, et des capotes anglaises neuves ou usagées dont dégoûtées nous nous débarrassons, sans que les sœurs ne paraissent s'apercevoir de leur existence. Il nous est recommandé de « jeter toutes ces saletés », sans précisions. Naturellement, hormis les préservatifs, tout est trésor et objet de troc pour nous. Étant seules à faire nos lits, ils nous servent de cachette.

L'énorme surcroît de travail que nous apporte la présence des Américains transforme le lavoir et la lingerie en bagnes véritables. Dans la chaleur étouffante, humide, compacte, nous devons laver, tordre, suspendre, repasser impeccablement des tonnes de linge à un rythme accéléré. « Plus vite ! », ordonnaient les sœurs. « Ne lambinez pas, ces messieurs viennent chercher leur linge ce soir. » Savent-ils, « ces messieurs » que nous ne sommes pas une laverie mécanique et que tout le travail est accompli par des gamines de douze à seize ans ?

Aussi nos sentiments envers eux sont-ils des plus mitigés : nous les maudissons et ils nous fascinent. Avec leur présence, la délinquance juvénile s'est aggravée, et le nombre des nouvelles arrivantes accru. Elles nous racontent sur eux des choses extraordinaires :

« Il y a une foule de soldats dans les rues. Ils sont saouls, ils violent toutes les femmes…

– Ils font venir plein de nourriture d'Amérique : des bateaux de sucre, d'huile, de pain blanc, de biscuits. J'ai mangé du chocolat, des choses étonnantes, je ne sais même pas comment ça s'appelle.

Avec eux, on fait du marché noir, ils ont de tout, même du rouge à lèvres et des bas nylons destinées aux femmes soldats.

– Des femmes soldats ?

Oui, et elles sont officiers comme les hommes ! »

Ce n'est pas croyable. Ce monde inconnu nous fait rêver. Pourvu qu'on sorte assez tôt pour le voir.

# 4

J'ai dix-sept ans quand ma tante Aïcha vient enfin me chercher. Dans la lingerie où j'abandonne mon uniforme, je m'aperçois que je suis devenue une jeune fille. Ma tante m'a apporté une robe fleurie. Je la trouve magnifique. C'est l'été, je me sens légère, heureuse, au bord de la liberté.

« Tâchez d'être une bonne chrétienne », me dit en guise d'adieu la mère supérieure.

A-t-elle oublié que je suis juive ?

La porte s'ouvre, je la franchis. Cela fait cinq ans que je n'ai pas marché dans une rue.

« C'est ta tante Sarah qui va s'occuper de toi. Elle vient d'avoir une petite fille et tu l'aideras. Elle travaille dans une usine d'espadrilles et habite le quartier espagnol. »

Le monde dans lequel je pénètre ressemble au paradis, tout y est merveilleux ! Je savais bien qu'au-dehors la vie se déroulait comme un rêve : ma petite cousine est un bébé adorable, son grand frère un petit garçon sage. Le ménage me semble aisé après les tâches que j'ai accomplies. Mes tantes Aïcha et Rosette sont gaies, bien habillées, coiffées, maquillées ; elles plaisantent, me parlent du quartier qu'elles habitent toujours. Tout paraît facile, léger comme le sourire de Thérèse que j'ai revue tout de suite. Nous habitons maintenant le même quartier. Son amitié retrouvée apporte une sorte de perfection à mon bonheur.

C'est avec elle que je pénètre dans la réalité de cette vie imaginée derrière mes barreaux.

« Ma mère a eu beaucoup de chance, elle vit avec Charly, un Américain. Les voisins font la gueule parce qu'il est noir mais maman dit qu'ils sont beaucoup plus gentils que les Blancs, et puis regarde... »

Sous le lit, dans l'armoire, dans les placards, s'entassent des kilos de sucre.

« Charly est chauffeur alors de temps en temps il détourne un camion entier et maman vend la marchandise au marché noir. Dans quelques mois elle aura assez d'argent de côté pour s'acheter un commerce. Fini la misère, les ennuis. Elle sera commerçante dans un autre quartier... »

J'approuve. Les moyens ne me semblent pas étonnants. Depuis l'arrivée des Américains, même dans notre prison, j'ai entendu parler du marché noir où l'on trouve de tout. Tout cela paraît naturel.

« Maman veut que je me marie avec un Américain. Là-bas la vie est belle, facile. C'est un pays riche. »

Nous reprenons nos fameux projets de Misserghinn. Nous comptons sur la chance : je rencontrerai un grand amour, il m'emmènera...

Mes tantes, que je n'écoute pas, sont plus réalistes. Quand elles me regardent, elles hochent la tête : « Pas de dot, pas de trousseau, pas de père, pas de mère, que va-t-elle devenir avec nous qui n'avons jamais réussi avec les hommes ? »

Ainsi, je me trouve face à une évidence : en dehors du mariage, pas de salut possible.

« Vois ta tante Sarah, me disent Aïcha et Rosette : Simon est revenu – Simon est le père de mes cousins – et il va l'épouser. Elle a eu beaucoup de peines mais maintenant, avec un mari, elle va enfin être heureuse. »

En attendant, l'appartement est devenu trop petit pour quatre personnes et pour moi. Le temps est revenu de faire ma valise.

Dans le quartier juif où je vais vivre avec mes deux autres tantes, rien n'a changé : je retrouve la source, le *Chabani*, les porteurs d'eau, les Mauresques aux regards noirs, aux paumes rougies par le henné, enveloppées dans le *haïk* blanc.

Là, tout allait progressivement se dégrader comme si le destin avait hâte d'en finir avec mon appétit de vivre, avec ma jeunesse et ma liberté.

La vie de mes tantes, malgré une apparente prospérité, est précaire, chacune rêve d'une stabilité que seul un mari pourrait leur apporter. Mais quel homme juif voudrait d'elles ?

Dès mon retour au quartier juif, je suis reprise par ses lois tribales et religieuses, enfermée dans son réseau de superstitions et l'étroitesse de son groupe social.

Je vois moins Thérèse, je n'ai pas souvent l'argent nécessaire pour prendre le tram et aller jusqu'au quartier espagnol. Un jour, elle m'apprend qu'elle a un fiancé américain.

« Un Noir, il s'appelle Lincoln, un grand type, mince et musclé, très doux. Il rit tout le temps.

– Tu l'aimes ? »

Elle réfléchit :

« Je crois. Il est tellement gentil. Et toi ?

– Moi ? trouver un homme dans le quartier ?

– Pourquoi ? »

Comment expliquer tout ce qui m'oppresse ? Thérèse pourrait-elle comprendre ? Connaît-elle le prix de la virginité ? La première fois que tante Aïcha m'a appris à faire ma toilette intime, elle l'a accompagné de recommandations très strictes : « Surtout, fais bien attention : ne te lave pas à l'intérieur. Prends bien garde à ne pas te déchirer. Tu dois rester vierge jusqu'à ton mariage. »

J'ai vu au cours du repas de noces, les femmes s'emparer du drap nuptial, le brandir triomphantes. Tous devaient voir ce sang qui s'étalait comme une fleur flétrie et qu'elles accompagnaient de leurs « You-You » triomphants.

Dois-je lui dire que des femmes me conseillent ? « Pourquoi ne vas-tu pas voir Zorah ? elle connaît le breuvage qui fait trouver un mari dans l'année. »

Dans ce quartier, un mari c'est impossible ! Mes tantes ont une vie trop libre, l'opprobre en rejaillit sur moi. Les jeunes gens m'approchent grossièrement comme on aborde une fille facile et s'étonnent que je ne les accueille pas. Quel est celui qui pourrait me croire vierge ?

Comment expliquer à Thérèse que ce climat contradictoire me rend malade ? D'un côté, je suis rejetée, les femmes sur mon passage jettent de l'eau et du sel pour conjurer le mauvais sort, de l'autre, maintenue dans un état infantile, affublée comme une gamine, portant des socquettes, pour prouver l'existence du seul capital que je possède : la virginité.

Thérèse a beau être mon amie, tout cela est trop loin d'elle pour qu'elle le comprenne. Alors, je rêve de m'échapper. Il me faudrait avoir un métier. Les cours de dactylographie, la seule profession qu'une femme puisse pratiquer, me sont interdits ; cela coûte trop cher. Mes tantes ne veulent pas en entendre parler : « La cuisine et le ménage c'est tout ce que tu auras à faire quand tu seras mariée », disent-elles.

Elles ont raison, pour moi il n'y a pas d'autre issue. Certains soirs, en retournant toutes ces choses dans ma tête, je maudis ma condition de femme, d'Algérienne et de juive qui m'enferme dans des interdits, et s'oppose à mon besoin de vivre. Tout naturellement je me tourne vers mon père : maintenant que je suis grande, je lui demanderai de me prendre auprès de lui. À Paris, tout doit être différent... et je m'endors en rêvant de lui.

Paris avait été libéré, la fin de la guerre approchait, d'incroyables nouvelles parvenaient : tous les juifs se trouvant en France pendant l'Occupation avaient été emmenés en Allemagne dans des camps de concentration ; c'est difficile à comprendre. Puis les premiers rescapés arrivent, ils nous font des récits effrayants. Le quartier s'emplit de pleurs et de gémissements. Les femmes, en deuil, se griffent le visage. Hurlant : « Pourquoi, mais pourquoi ? » L'éternelle question. « Pourquoi faut-il payer de ce prix le fait d'être né juif ? »

Dans ma mémoire sont restées gravées les malédictions des bonnes sœurs, elles s'imposent avec une force nouvelle : « Nous sommes tous des pécheurs devant l'Éternel. » « Les juifs ont crucifié Jésus, ce crime ne peut se laver que dans le sang ! Il faut expier. » Les bourreaux de Buchenwald deviennent alors des justiciers : « Quand vous souffrez de mille douleurs c'est que Dieu vous aime. » Des martyrs trop aimés ! L'amour de ce Dieu est terrible et je m'éloigne de lui.

Grand-père Mardochée ne peut pas me retenir, il n'est plus le patriarche rayonnant, détenteur de la parole du Seigneur. Il est un vieil homme brisé : sa fille Messaouda est revenue d'Auschwitz, torturée, ayant servi à des expériences médicales : « Les Russes nous ont libérés, j'ai marché pendant des jours ou des nuits et quand je suis arrivée à Paris je pesais moins lourd qu'une gosse de dix ans. » Dès leur arrivée au camp, ses enfants avaient été gazés. À la pensée qu'il ne reverrait plus ses petits-fils, grand-père s'est laissé mourir de chagrin. Avec sa fin, la plus belle page de mon enfance s'est tournée dans une infinie tristesse.

Au Bon Pasteur, les sœurs disposaient de mon âme pour l'offrir à leur époux, un Dieu que je reconnaissais mal. Ici, mes tantes veillent sur mon corps, il ne me reste toujours que la solution de l'époux. Mais l'idée se confond alors avec celle de l'amour physique. Celui-ci me fait peur, me dégoûte.

La pièce que j'occupe avec tante Aïcha est trop petite pour contenir deux lits et je dors avec elle. Une nuit, je suis réveillée par une sensation insolite. J'émerge de mon sommeil : aucun bruit dans la chambre obscure, mais une odeur qui me rappelle celle des pantalons militaires que nous lavions à Misserghinn ; l'acidité de la sueur mêlée à la fadeur du sperme.

Un homme est dans le lit contre tante Aïcha et elle le laisse faire.

Une nausée me monte à la gorge. Mais je ne bouge pas, je fais semblant de dormir.

Le lendemain plus rien, pour moi, n'est semblable.

Ah non, je ne veux pas vivre comme mes tantes ! D'ailleurs je vais m'éloigner d'elles. Par une marieuse, tante Aïcha fait la connaissance d'un veuf qui a besoin d'une femme pour s'occuper de lui et ma tante s'en va. Il subviendra à tout, elle n'aura plus à s'inquiéter de rien, elle semble heureuse. Je reste avec tante Rosette. Je suis très seule car elle sort toute la journée et ne rentre que tard le soir. J'occupe la chambre d'Aïcha mais souvent le sommeil est long à venir ; j'ai peur dans l'appartement désert.

Quelques jours plus tard, je décide d'aller voir Thérèse. Elle et sa mère m'accueillent avec joie. Leur logement est suffisamment grand pour que je partage la chambre de Thérèse qui m'apprend, tout de suite, son grand secret : elle est enceinte de son fiancé américain et il a fait les démarches nécessaires pour l'épouser.

C'est dans ce climat détendu, euphorique, qu'arrive l'annonce de la fin des hostilités. Un jour de liesse, un jour de joie ! Tout Oran est dans la rue, les gens s'embrassent ; le soir, sur la place d'Armes, un orchestre joue, l'allégresse est générale, Thérèse et moi dansons pour la première et la dernière fois.

Pendant quelques jours c'est la trêve, plus de différence de races, de couleurs, de classes, tout le monde s'aime. Une fête grandiose comme seuls les peuples méditerranéens peuvent en vivre.

Les troupes américaines partent et le quotidien revient. Le retour des hommes amène rancœurs, soupçons : des enfants sont nés. Dans les communautés espagnoles et juives commence la chasse aux sorcières : les femmes ayant couché avec les Américains sont montrées du doigt. À la grande liberté de ces dernières années succède la suspicion. Toutes les filles sont des putains, ces enfants blonds aux yeux bleus, ces petits négrillons en témoignent. La population masculine est humiliée et les bien-pensants choqués.

Le fiancé de Thérèse s'en va. Il lui promet de faire le nécessaire pour qu'elle le rejoigne très vite, il veut que son enfant naisse aux États-Unis. Je pense qu'il va falloir qu'il se dépêche et la mère de Thérèse affirme : « Quand tous les G.I.'s seront partis, la vie, ici, deviendra impossible. » Tous les jours, ils partent par bateaux entiers.

Passées les premières semaines, je ressens l'absence de mes tantes, je suis déçue, malheureuse qu'elles ne fassent rien pour me voir. Déchirée, mal dans ma peau, je souffre d'être ballottée d'un endroit à l'autre. C'est d'une maison dont j'ai besoin, d'un véritable foyer.

Le soir pendant des heures entières, je bavarde avec Thérèse. Notre avenir nous tourmente. Si son Américain ne la fait pas venir, il lui faudra, comme moi, travailler. Des sœurs nous avons reçu l'éducation nécessaire pour devenir de bonnes servantes, il n'y a pas d'autre issue. Cette perspective nous la rejetons avec véhémence, nous sommes assez sottes pour la trouver déshonorante. Nous cherchons le moyen d'y échapper.

« Dis-moi, tu te souviens de cette femme dont les grandes parlaient à Misserghinn, Madame Fernande ? Tu sais bien, cette adresse que les filles qui venaient du dehors nous passaient pour quand on sortirait.

– Oui, mais je l'ai oubliée.

– Moi, je l'ai. Je n'y pensais plus. Seulement nous ne pouvons plus rester comme ça à ne rien faire.

– Tu crois qu'elle procure vraiment du travail ?

– Absolument, les filles l'affirmaient. »

C'est peut-être là une solution.

Un moment, nous méditons sur l'éventualité de cette visite.

« Tu sais quel genre de travail ?

– Je crois qu'il s'agit de servir dans des cafés, des bars. Il paraît qu'on s'y fait des pourboires, beaucoup d'argent. On en mettrait de côté. Nous pourrions partir. Toi, tu rejoindrais ton père, moi mon fiancé. »

Pour nous ce n'est pas totalement un rêve, la base de départ est vraie : cette femme détient le pouvoir de nous procurer un travail dont le salaire ne sera pas misérable. Serrées l'une contre l'autre, nous échafaudons nos projets avec soin.

Cependant, nous ne parlons pas à la mère de Thérèse du plan qui prend corps dans notre esprit. Nous avons peur qu'elle rabatte notre joie, nous dise que nous sommes des gamines et que c'est trop beau pour être vrai ! Profitant d'une de ses absences, nous partons munies de l'adresse de Madame Fernande ; elle habite à Misserghinn, pas très loin du Bon Pasteur. L'idée de revoir notre prison de l'extérieur nous amuse : « Tu te rends compte, quand je pense que nous pourrions encore y être ! » Tout en nous réjouissant de notre liberté, nous plaignons le sort des captives.

Sur le moment, la villa de Madame Fernande me paraît bizarre. On dirait une maison abandonnée, la plupart des volets sont clos, le jardin inculte. Il y a comme une atmosphère de mystère qui plane autour de cet endroit et qui me met mal à l'aise.

« Si on repartait ?

– Tu es folle, on n'a pas fait tout ce chemin pour rien. On va sonner. Si elle ne nous plaît pas, eh bien on ne reviendra pas ! »

Une femme nous ouvre la porte. Si cela avait été un homme… je serais repartie.

Madame Fernande, un peu grassouillette, la quarantaine, blonde et fardée, n'est pas antipathique. Le regard perçant mais du genre bienveillant. Il y a même comme de la compassion dans sa manière d'écouter notre récit. Aux passages du Bon Pasteur, elle murmure :

« Mes pauvres petites, vous avez dû en voir… Enfin, heureusement pour vous, vous en êtes sorties.

– Voilà, nous voudrions travailler, mais gagner convenablement notre vie, ne pas être bonnes chez les colons.

– C'est tout à fait compréhensible. J'ai bien connu certaines de vos compagnes. En sortant elles sont venues me voir sans attendre et je les ai aidées. Elles sont toutes mariées maintenant et bien mariées. Elles n'ont pas oublié Madame Fernande, ce ne sont pas des ingrates, elles viennent me voir de temps en temps. Il y en a même qui ont pu s'acheter un commerce.

– Quel serait notre travail ? » demande timidement Thérèse, que l'assurance de Madame Fernande impressionne.

« Serveuses dans des bars. Heureusement, ce n'est plus comme avant, les femmes maintenant peuvent y travailler librement. C'est ce qui rapporte le plus. Les clients sont généreux, dame, ce sont des hommes qui ont de l'argent ! Vous vous contentez de servir à boire et de ramasser les pourboires. Si vous savez être raisonnables, vous pouvez faire des économies. C'est mieux, plus agréable que d'être bonniche. »

Nous approuvons. Tout plutôt que ça !

Au bout d'une heure, assises dans son salon devant une tasse de thé à la menthe qu'elle a fait servir, nous avons l'air de trois amies de longue date.

Ma crainte a disparu, je me sens très en confiance. Mais comme ce qui est trop beau n'est pas vrai, elle nous met en garde : pour bénéficier de tant d'avantages, il faut les mériter, il y a des conditions à remplir.

« L'aide que je vous apporte n'est pas totalement gratuite, elle nécessite de ma part une mise de fonds. L'argent du voyage d'abord.

– Nous ne travaillerons pas à Oran ?

– Non, les places y sont très courues. Pour ça vous êtes arrivées trop tard, il fallait venir en quittant le Bon Pasteur. »

Nous protestons que cela nous est égal.

« Là-bas on vous donnera de nouveaux vêtements plus chics pour plaire à la clientèle. Naturellement, le prix en sera déduit de vos premiers salaires. »

Cela nous paraît très raisonnable, cependant nous nous inquiétons :

« Est-ce que nous saurons faire ce qu'il faut ?

– Soyez sans inquiétude, on vous apprendra à servir le client, à lui plaire. Dans les frais, il faudra compter vos cartes d'identité.

– Mais je n'en ai jamais eu besoin.

– Moi non plus, dit Thérèse.

– Là c'est différent, vous n'êtes pas majeures, il vous faut de fausses cartes d'identité, cela coûte cher. Mais ne vous inquiétez pas, vous aurez vite remboursé vos dettes. »

Thérèse, qui est la plus hardie, demande :

« Pensez-vous que vous aurez bientôt une place pour nous ?

– Vous avez une chance inouïe : hier je n'avais rien, ce matin on m'a demandé deux jeunes filles. Seulement, il faut vous le dire tout de suite, le départ est pour demain.

– J'aurai juste le temps de dire au revoir à maman.

– Non ma petite, je vous garde toutes les deux, vous partez demain matin de bonne heure, je vous donnerai une chambre pour la nuit.

– Mais maman va s'inquiéter.

– Demain, dès votre arrivée, vous lui écrirez, vous pourrez même la faire venir, lui envoyer l'argent du voyage. »

Elle nous disait n'importe quoi. Éblouies, subjuguées, craignant de laisser échapper une si belle place, nous n'osions rien objecter. Après tout, il valait mieux coucher là, si demain elle s'était ravisée...

La soirée, le dîner furent très agréables, Madame Fernande nous écoutait avec beaucoup de bienveillance et une grande patience. Jamais nous n'aurions imaginé être prises au sérieux, comprises par une dame si bien, possédant domestiques et villa.

« Tu vois, ça y est, on a enfin rencontré la chance », nous disions-nous, le soir, dans notre chambre en nous endormant.

Le lendemain nous apprîmes que nous ne partirions que dans l'après-midi :

« Malheureusement, je suis désolée, mais vous allez être séparées momentanément. Vous ne prenez pas le même train. Mais vous pourrez vous rejoindre dans quelques jours. Thérèse va à Tiaret, et Germaine à Bône. Embrassez-vous. Germaine, vous partez. »

Jamais je ne revis Thérèse.

# 5

Pour la première fois, j'allais voyager seule.

Toujours prévenante, Madame Fernande m'accompagne à la gare : « Ne vous inquiétez pas mon petit, à Bône quelqu'un vous attendra, on viendra vous chercher. »

Dans le train, derrière le défilé des paysages, se profilait mon avenir. Je ne savais pas comment l'imaginer, je n'avais aucun point de repère : serveuse dans un bar chic, cela consistait en quoi ? Un client qu'on épouse un jour, ou un collègue avec lequel on se marie ? À son tour on devient propriétaire… quel que soit le chemin il aboutissait à la seule solution heureuse possible : l'amour ou le mariage, la sécurité…

Que diraient mes tantes lorsqu'elles sauraient que j'avais su, toute seule, trouver une situation ? Cette revanche me plaisait.

Sur le quai de la gare de Bône une femme m'attend. La trentaine, fardée, l'air dur.

« C'est toi la nouvelle qui vient de la part de Madame Fernande ?

– Oui, madame.

– Je suis Madame Carmen, ta patronne.

– Bien, madame.

– Tu n'as pas de valise ?

– Madame Fernande m'a dit que je trouverais ici tout ce qu'il me faudrait.

– Suis-moi, c'est à deux pas. »

Le bar n'est pas loin de la gare, il s'appelle Le Chat noir. Le soleil, sa lumière dorée, sa chaleur, s'arrêtent à la porte blindée percée d'un judas. Je n'ai jamais vu un café comme celui-ci. On entre, la porte se referme derrière vous.

C'est une grande salle avec des tables, des chaises, un comptoir. Elle sent la poussière, le tabac froid. Pendant le trajet en train, je m'étais fabriqué un décor avec des morceaux de films, quelque chose de coquet, le grand style. Je ne reconnais rien. Mais peut-être qu'à la lumière il devient plus plaisant. Il est vrai que je n'étais jamais entrée dans un bar.

La trappe se referme sur moi.

Sèchement, Madame Carmen me présente au patron :

« Monsieur Louis, c'est Germaine, la petite nouvelle. »

Un cure-dent au coin de sa lèvre épaisse, pour toute bienvenue, m'évaluant d'un regard, il me dit :

« J'espère que tu vas être gentille avec les clients. »

Gentille, le mot soudain me fait peur. Un mot piège.

« Je ne veux pas être gentille ! Je veux servir à boire !

– En faisant la tête, *tonta* [1] ? »

Je me rends compte que ma réponse est absurde. Pourtant elle a jailli de moi, instinctivement, comme un cri de défense. Je m'inquiète :

« Mais je ne vois pas de clients ? Quand viennent-ils ?

– Qu'est-ce que ça peut te foutre ? Va, monte !... »

Et Madame Carmen me désigne l'escalier qui part du centre de la pièce. Mon cœur se met à cogner d'affolement. Je ne comprends pas. Je ne sais pas. Mais cet escalier, j'en suis sûre, je ne dois pas le monter.

« Madame, s'il vous plaît, je ne veux pas rester ici, je veux retourner à Oran. Donnez-moi l'argent du retour, je vous le rendrai.

– Où Fernande a-t-elle déniché cette fille ? hurle le patron. L'argent du retour ! Elle est pas bien !

– Si tu veux de l'argent, ma petite, il va falloir te le gagner. Même que tu es ici pour ça. »

Je ne l'écoute pas, cramponnée à mon désir animal de partir. J'insiste :

« Je vous le rendrai en arrivant, mes tantes me le donneront ; je vous l'enverrai. »

Madame Carmen a un rire bref :

« Tu vas avoir besoin de pas mal de sous si on fait les comptes : avec le prix de ton voyage, aller et retour, il va falloir que tu ajoutes l'argent qu'on a versé à Madame Fernande, ça fait *besef, besef* tout ça. »

Mâchonnant son cure-dent le patron crachote, ironique : « T'inquiète pas, on te les fera tes comptes, mais mets-toi bien dans la tête que tu nous coûtes beaucoup. Que tu es ici pour un bout de temps, que si t'es pas gentille, très gentille, les bonnes manières je te les apprendrai ! »

Je leur coûte cher, mais pourquoi ? Je veux le savoir et je le leur demande.

« On vient de te dire qu'on t'a achetée.

– On m'a achetée ! mais je ne suis pas à vendre !

– Merde ! gueule le patron crachant son cure-dent mâchouillé. En voilà assez ! va dans ta chambre, prépare-toi et que je ne t'entende plus ou je te fous une tannée que tu t'en rappelleras toute ta vie ! »

D'un seul élan je me précipite vers la porte. Fuir... je dois fuir.

Un homme que je n'avais pas encore vu, un jeune Arabe, me chope au passage. Sa main me serre durement le bras.

Je crie :

« Lâchez-moi, je vous en supplie monsieur, lâchez-moi... Je veux partir ! »

Je lève la tête, à travers mes larmes, mes yeux cherchent à saisir son regard. Des yeux noirs, liquides, sans expression. Mes hurlements de panique résonnent dans le vide de la pièce. La poigne de l'homme ne se desserre pas. Je m'agite, ridiculement, sans résultat.

« Lâche-la ! ordonne Monsieur Louis, qu'elle comprenne. »

Je me rue contre la porte, ma main cherche la poignée, il n'y en a pas. Comment s'ouvre-t-elle ? Je pousse, tire, cogne avec mes poings fermés contre le battant blindé. Dehors quelqu'un m'entendra, m'ouvrira.

– Pourquoi tu te fatigues ? gouaille la patronne. Personne ne viendra t'ouvrir. Ici tu es dans le bordel.

« Le bordel », je suis dans un bordel, comme ceux de la rue d'Aboukir à Oran. Un bordel, le mot cogne et recogne dans ma tête. Non, je ne veux pas ! Qu'on me tue. Mais pas un bordel.

« Dis-donc, j'ai pas payé pour la mandoline ! Y en a marre ! Tu vas m'obéir et *fissah*, y en a eu d'autres ! Contente ou pas contente, l'argent tu nous le dois et tu vas le cracher. Après, si tu en as encore envie, la porte elle est ouverte. Et puis ici le travail on le plaint pas ! Une gagneuse elle se fait la fortune. Ici, le client y traîne pas. Maintenant j'ai assez causé, tu montes dans la chambre.

– Viens ! » m'ordonne Madame Carmen.

Je n'ai pas encore dû comprendre. Je reste là.

« Tu montes ou tu veux que je te monte par les cheveux ? »

Madame me pousse.

« Allez va, tu commences ce soir, et tu as intérêt à te montrer gentille. Sinon, c'est Monsieur Louis qui s'occupera de toi ! »

Ils peuvent dire ce qu'ils veulent, je n'entends plus que le bruit de mes sanglots...

Je suis poussée, projetée plutôt, dans ma chambre. Je m'abats sur le lit comme s'il pouvait constituer un refuge. Un bruit de clé dans la serrure. Que m'importe, je ne peux plus que pleurer.

Lentement je me calme. Je regarde autour de moi : la pièce n'a pas de fenêtre. Une ampoule électrique souillée de chiures de mouches l'éclaire. Un lavabo, un bidet en émail – c'est le premier que je vois – une armoire, une chaise.

Je quitte ce lit qui maintenant me fait peur, c'est sur lui que les filles travaillent. Elles, mais pas moi. Pas moi… Je m'accroupis dans un coin de la pièce. Si je refuse, si je reste là recroquevillée sur moi-même, ils ne pourront pas me forcer. Je vais les appeler, le leur dire. Ils n'ont pas dû comprendre que je ne céderai pas, que je ne veux pas devenir une putain.

Commence alors l'épreuve de force, je ne saurais dire combien de temps elle a duré : deux, trois jours ? J'ai crié, personne n'est venu. Puis la clé a tourné dans la serrure. Alors, j'ai supplié Madame : « Je ferai tout ce que vous voudrez, je travaillerai pour vous pendant des années, puisque j'ai une dette. » Cette notion si difficile à comprendre, j'ai fini par l'admettre. « Je serai votre bonne, mais pas ça. »

La porte s'est refermée. À nouveau, il n'y a plus que le bruit de mes pleurs. J'ai entendu des pas monter, descendre, passer, repasser, des voix se sont répondu, en arabe surtout. Mais personne n'a écouté mes appels. Aucun pas ne s'est arrêté, n'a stationné devant ma porte.

Puis, peut-être au bout de vingt-quatre heures, la porte s'est ouverte, une main a éteint l'électricité : « Pour ce que tu fais, tu n'as pas besoin de lumière. » Un temps inestimable s'est écoulé dans l'obscurité. À nouveau la clé a tourné dans la serrure, Madame Carmen est entrée accompagnée par une Arabe vieille et trop fardée.

Sur mon lit la patronne pose un plateau chargé de nourriture.

« On ne peut pas travailler sans manger. Fatima, c'est une fille qui a de l'expérience, elle va t'expliquer le travail. Tu vas commencer. »

La porte se referme.

Je dévisage cette femme et j'ai peur. Peur de ce travail qui vous donne ces rides, ces cernes, cet air de ne plus vivre.

D'une voix rauque et lasse, elle m'explique : « Ici on travaille de dix heures du matin à minuit, sauf si tu te fais un client pour la nuit.

– Un homme qui reste avec vous, qui dort avec vous, toute la nuit, jusqu'au matin ? »

Lourde, sa paupière plissée, noire de khôl, se lève sur un regard étonné :

« Mais c'est payé.

– Ça arrive souvent ?

– Oui. En dehors de ça, tu t'arrêtes pour manger à midi, à sept heures. »

Bêtement je lui dis : « Mais tu sais, moi j'ai été prise pour servir au bar.

– Tu ne le feras pas souvent, y en a pas le temps. Tu montes et tu descends même que des fois la chambre, tu la quittes pas. *Shouf, schouf* t'y regardes qui sont dans l'escalier. J'ty jure. C'est un bordel qu'y tu viens de partout. »

Il y a comme du respect dans sa voix.

« T'y restes nue sous ton peignoir, t'y perds pas de temps. »

Madame Carmen est restée là ; elle écoute, me fixant de son regard inexpressif. Puis elle intervient pour me parler de l'hygiène. Sa maison est bien tenue : « J'espère que tu sais te laver au moins. Faut aussi laver le client. T'en profites pour presser le bout, s'il a la "goutte", alors, tu dois lui refuser, tu comprends ! Tu peux le renvoyer. »

Je crie : « Non, non… je ne veux pas laver un homme !

– Qué stupide ! Mais d'où tu sors ? »

Presque patiemment elle m'explique à nouveau ce que je devrai faire. Elle répète le mot hygiène. Elle y croit à la réputation de sa maison…

Cette évocation me soulève le cœur : toucher ces sexes…

« Je te laisse avec Fatima, elle va te dire pour le reste. »

Parce que ça ne s'arrête pas là ?

La voix rauque, sans inflexions, machinale de Fatima reprend : « Les comptes, c'est la patronne qui t'y donne : le client, en bas, à la caisse, y prend un jeton et y doit te le donner en rentrant. T'y te gênes pas pour le réclamer. Y en a qui essayent de tirer un coup pour rien. Tes jetons, tu les caches et quand tu finis la journée, Madame Carmen y les prend.

– C'est avec ça qu'on rembourse ? »

Elle hausse les épaules, désabusée.

« Rembourser, rembourser. Jamais vu… »

Ce n'est pas possible, elle me parle ainsi parce qu'elle ne sait pas que je ne veux pas, qu'on me garde de force, je vais le lui dire, à elle…

Jamais cette Fatima ne m'aidera, elle est trop vieille, trop fatiguée. A-t-elle passé sa vie ici ?

Avant qu'elle me parle je ne savais pas : la file des hommes devant la porte, nue sous le peignoir, les laver… La révolte monte en moi, elle me secoue et, hurlante, je me jette contre la porte.

Monsieur Louis et Madame Carmen entrent.

« Je ne veux pas. Vous n'avez pas le droit.

– Pas le droit ! hurle le patron, je les ai tous et toi, tu n'as que celui de te taire. »

À toute volée il me gifle, sa chevalière m'entame la bouche.

« À genoux, saloperie, à genoux. »

J'obéis. Devant mes yeux apparaît un couteau : « Regarde ma lame, regarde-la bien, je vais te balafrer ! »

Effrayée, j'implore Madame Carmen ; elle reste impassible.

« Alors, tu la veux ta balafre ? »

Je secoue la tête.

« C'est bien. Tu vas être gentille.

– Laissez-moi partir d'ici ! »

Les cris, les injures, les coups, le couteau dont la lame vibre près de mon visage, la scène se répète combien de fois ? Je ne le sais plus, peut-être moins que je ne l'imagine. Je n'ai que dix-sept ans.

Déjà je suis sûre que ma vie est gâchée, perdue. Je suis seule dans un monde auquel je ne comprends rien, trop cruel pour moi. Comment lui échapper ? Personne ne sait que je suis ici sauf Madame Fernande, je n'ai rien à en attendre. Et Thérèse... Une autre porte blindée semblable à celle-ci a dû se refermer sur elle et sur l'enfant qu'elle attend...

J'essaie de raisonner, de comprendre comment tout cela est possible. Je sais ce que c'est que d'être enfermée, d'obéir, de travailler, j'ai connu le Bon Pasteur et j'imaginais que rien ne pouvait être pire. Pourtant, je suis ici. Mais au-dehors, il y a des gens qui ne doivent pas savoir. Il y en a aussi qui sont au courant puisqu'ils viennent dans cette maison. Seulement ils ne savent pas que moi je ne veux pas, que je suis prisonnière. La solidité de mon raisonnement m'apaise. Il suffira que je dise la vérité à l'homme qui entrera dans ma chambre. Il comprendra, préviendra la police et je retrouverai ma liberté. Je n'ai donc pas intérêt à résister à Monsieur Louis, plus vite j'accepterai, plus vite ce sera fini.

Rassurée, je ne crie plus, je ne pleure plus. J'accepte l'horrible peignoir de pacotille, transparent.

« Eh bien, t'es mignonne comme ça. Je t'ai gâtée, ton premier client c'est moi qui te l'ai choisi. Vrai que tu ne le méritais pas ! C'est un Français, un type important, qu'il est de la police. »

Au Chat noir on l'appelait le « Commissaire », je n'ai jamais su s'il l'était vraiment.

Je pense : « Je vais tout lui dire et il me renverra à Oran. »

Il entre. C'est un homme d'une quarantaine d'années, il va comprendre.

Notre dialogue est court, à peu près celui-ci : « Je voudrais vous parler… » Impressionnée par l'autorité qu'il dégage, j'ai la gorge sèche.

« Vas-y ma poulette, je suis français, tu peux tout me dire. »

Je balbutie que je ne suis pas là de mon plein gré, que je suis mineure.

« Qu'est-ce que tu me chantes là ? Je contrôle toutes les entrées, j'ai vu ta carte d'identité, tu es majeure. On veut se rajeunir pour m'exciter ! Allez petite, tu vas être gentille et moi aussi. »

Haut fonctionnaire et français, cet homme m'en impose. Il ne rencontrera aucune résistance de ma part. Piégée, j'accepte, je le subis avec crainte et dégoût : c'est comme un serpent qui force mon corps, déchire mon ventre.

Quand il a terminé, je suis prise de vomissements incoercibles, je rejette de la bile pendant des heures. Mes tripes se tordent de douleur tandis que j'éprouve un abattement qui m'anéantit. Mécaniquement mon cerveau continue à fonctionner : c'est fini, je suis souillée, irrécupérable…

Depuis mon plus jeune âge, on m'avait appris que mon salut, mon bonheur, ne pouvait venir que d'un mari qui m'enseignerait la vie, l'amour, que pour lui, pour l'avoir, je devais conserver mon seul bien : ma virginité. Cette vision, naïve et fausse, pour moi était belle. Et elle est balayée brutalement en quelques secondes. Je me retrouve, prisonnière d'une société clandestine, reposant sur un piège. Je vais découvrir un monde ayant ses lois propres, toléré, protégé même par la Loi. Une société possédant ses pratiques d'anéantissement, un langage, une mentalité trop éloignés de moi pour ne pas me broyer.

J'ai le sentiment d'être submergée par une fatalité implacable qui ne me permettra plus jamais de remonter à la surface.

Entre deux nausées, je tombe à genoux, je supplie le ciel, je prie. Je demande pardon à ceux qui ont tous les pouvoirs, à Jésus, à Adonaï. Pardon de les avoir offensés, qu'ils arrêtent cette punition, je ne peux plus la supporter, elle est trop dure. Dans ma détresse j'appelle ma mère, je l'injurie de m'avoir abandonnée à l'instant où j'avais le plus besoin d'elle. Qu'elle fasse un miracle qui me ramène à notre quartier devenu, maintenant, une sorte de paradis perdu.

Et si la malédiction des femmes juives de la communauté venait de s'accomplir ?

Si je ne suis pas morte de honte, de souffrance, de peur, c'est qu'il y avait en moi une volonté de vivre plus forte que tout.

J'ai été vendue comme une marchandise mais je n'en ai jamais su le prix. Je rembourse une somme que je ne connais pas, qui s'est augmentée, s'augmente chaque jour du montant de mes soutiens-gorge, de mes slips, des serviettes, du couvre-lit qu'on change lorsqu'il est trop sale. Ma nourriture, l'eau que je bois, sont comptabilisées. La seule chose que j'ai apprise c'est le prix que payent les hommes qui viennent me voir : « soixante centimes ». Ils ont le choix entre trois « objets » : la vieille Arabe, moi ou une petite Mauresque aux yeux noirs. Cent fois par jour elle donne son sourire pour ce jeton misérable sur lequel sa main se referme. Pauvre gosse, elle n'encaissera jamais qu'une grimace de mépris. Une petite fille déjà sans âge qui attend une délivrance qui ne viendra pas.

Le Chat noir est un très petit bordel. Pour tout personnel il n'a qu'Ahmed, le jeune gardien qui se tient à la porte, l'ouvre, la ferme sur un signe de Madame. Personne n'entre ni ne sort, sans qu'un coup d'œil ait été donné à l'extérieur par le judas. Ahmed ne quitte son poste ni le jour ni la nuit, son matelas est posé près de « sa » porte. Il ne nous voit ni ne nous entend ; sait-il même que nous existons ?

Comment admettre qu'il n'existe pas de possibilité d'évasion ? Ce n'est pas possible que parmi ces hommes, quatre-vingts, cent par jour, il n'y en ait pas un qui me comprenne. Pas un seul. Ceux qui attendent pour monter avec moi sont surtout des Arabes, des militaires français. Les nouvelles vont vite et tous savent que chez Madame Carmen, il y a une nouvelle. Cela valorise l'établissement.

Dès le matin, les hommes débarquent. Lorsqu'ils sont trop nombreux, le patron fait passer d'abord les Arabes, descendus de la montagne, venus des *djebels*. « Faut faire attention, les bicots ont le "sang chaud", ils baisent même les chèvres. » Il convient donc d'éviter tout incident, de rendre à la rue des Arabes calmes, tranquilles. Le bordel devient l'auxiliaire de l'ordre public.

Maisons pour indigènes mais tenues par des Européens issus des franges du milieu, parmi ses marginaux. Quelques-uns sont d'anciens souteneurs retirés avec leur femme. Ils gèrent sans faiblesse leur commerce. Pour eux, il s'agit d'une entreprise comme une autre et les maisons de tolérance, suivant leur importance, peuvent atteindre à la respectabilité d'un établissement coté. Il suffit de voir la patronne se pavaner, recevoir, pour se rendre compte qu'elle tient un rôle de prestige. Je parle de maisons renommées et non d'un petit bordel minable comme Le Chat noir, bien que, le soir, fardée, pomponnée, Madame Carmen trône et règne sur ceux que l'on appelle les « piliers de bordel ». Ces visiteurs « petits bourgeois », installés dans la grande salle, consomment en regardant le va-et-vient des filles. Ils leur offrent un verre entre deux clients, si l'affluence le permet. Ils montent rarement. Leur plaisir, ils le trouvent dans l'ambiance du bordel, sa lumière confidentielle, sa musique à rengaines, dans leur bavardage avec les femmes. Pour eux, ce sont toutes des « putains au grand cœur », des consolatrices, des bonnes filles indulgentes, incapables de les juger – une idée qui ne peut même pas leur venir. Ces « piliers de bordel » sont les inventeurs de la « poésie » des Maisons Tellier. Quel rapport entre leurs vaticinations nostalgiques et la réalité, la nôtre, celle de proies choisies, enfourchées, violentées, souillées cent fois par jour ?

Je m'entête. À chaque client, je tente d'expliquer que l'on m'a forcée, que je ne veux pas faire ce métier. J'ose, faut-il que je sois restée innocente, leur demander de me donner le jeton sans me toucher, et, la plupart du temps, je pleure.

Certains m'injurient, me crachent à la figure. Tous m'obligent à les subir et se plaignent à Madame Carmen. Ce qu'il y a d'extraordinaire c'est que je persévère sans comprendre que ceux qui entrent dans ma chambre ne sont des hommes que par ce sexe que, souvent, ils brandissent. En rut ils n'entendent rien. Après ils s'en foutent. Mieux, ils s'indignent qu'on puisse avoir du dégoût pour cet acte qu'ils ont payé, ils n'admettent pas que je ne sois pas consentante. Après tout, n'est-ce pas un moment agréable qu'ils m'offrent ? J'essaie de ruser, de gagner du temps et, lorsqu'ils me quittent, je reste quelques minutes seule. Si l'on m'appelle, je réponds : « Voilà, je descends… » et je traîne le plus possible. Ruse dérisoire.

Parfois, quand je suis à bout, je me barricade dans ma chambre, pousse le lit, l'armoire, contre la porte et reste là, tapie dans un coin, comme une bête traquée, enfermée dans cette pièce close, sans lumière, sans air, où parfois l'odeur fade du sperme est si forte qu'elle me donne la nausée. Une odeur qui me poursuivra longtemps.

Le patron et la patronne montent alors, tapent à ma porte, m'injurient, crachent leur colère, mais c'est la faim qui a raison de mon obstination, me chasse de ma tanière, et tout recommence.

Jusqu'au jour où un Arabe tente de me violer. À la vue de son pénis énorme, monstrueux, je refuse de me soumettre. Malgré ma résistance, mes cris, il m'oblige à m'allonger. Ivre de rage, de haine, je parviens à me dégager, je n'ai plus peur, je suis possédée par une force d'une violence folle, une envie de tuer cet homme, et, à travers lui, tous ceux qui s'acharnent sur moi. Je saisis une gargoulette et, violemment, la brise sur son crâne.

Couvert de sang il se met à crier : « Au voleur ! » sans lâcher son sexe, voulant encore accomplir l'acte pour lequel il a payé !

Mais je m'en fous, j'ai découvert ma force, je peux résister, me battre. La patronne accourt et devant la scène hurle : « Saloperie ! tu vas voir ce que tu vas prendre ! » Ça m'est égal. C'est moi qui ai vaincu. Pleine de prévenance, elle affirme à l'Arabe : « On va te rembourser » et lui assure : « Elle va recevoir la tannée qu'elle mérite. » « Le patron va te tuer !... », me dit-elle.

Il ne me tue pas, mais sa lame après avoir virevolté devant mon visage, se plante dans mon bras, sans que je crie. C'est fini. J'ai moins peur de lui que des hommes et de leur désir. Bien moins que de mes terreurs ancestrales : être ici ne peut qu'être le résultat d'une malédiction, la punition d'un acte que j'ignore. Peut-être d'avoir osé croire que je pouvais me débrouiller seule. La seule chose dont je ne puisse pas me dépêtrer est celle-ci : je suis maudite.

Cauchemar des jours, cauchemar des nuits, je vis dans l'angoisse du « Germaine, un client pour toi ! »

Cependant j'essaie de comprendre le mécanisme qui m'a prise au piège. Les clients parlent. Certains s'étonnent d'avoir connu des filles jeunes, comme moi, qui un jour ont disparu, sans doute reparties on ne sait où. Ils bavardent, les prénoms qu'ils me donnent, les dates, les descriptions qu'ils me font me rappellent des compagnes du Bon Pasteur. Le couvent était une merveilleuse pépinière de futures prostituées. Je découvre que Madame Fernande n'est qu'une des antennes d'un immense réseau s'étendant sur toute l'Algérie, la Tunisie, le Maroc.

J'apprends la « loi du milieu ». Toutes les prostituées, sauf celles qui, comme moi, sont en dette directement avec un patron, dépendent d'un mac qui touche l'argent qu'elles gagnent. Coucher avec un maquereau, c'est être « mariée » avec lui et malheur à la fille qui ose se plaindre ou dénoncer son homme. Sa vie ne vaut pas cher ! S'enfuir ou vouloir se séparer de son mac est un délit. Tout délit justifie une « amende ». Suivant la faute commise, l'amende est plus ou moins élevée et provoque la mise, par le souteneur, dans un bordel d'abattage. Ce sont des maisons particulièrement dures. Certaines femmes passent leur vie entière enfermées dans des maisons closes à payer leur dette. Terrorisme organisé, codifié, la « loi du milieu » est là pour nous obliger à nous tenir tranquilles, à être muettes.

Cette « loi » est renforcée par l'autre, la vraie, celle des bons citoyens. Complaisante, l'administration ferme les yeux sur l'organisation interne des maisons closes, les agissements des tauliers, bakchichs et avantages en nature les y aident. On parle même de certains droits de cuissage sur les nouvelles entrées, les vierges, cela arrive, j'en étais la preuve.

Dès son arrivée dans une maison de tolérance, la fille est obligatoirement « mise en carte ». Cela signifie que son patron l'emmène à la police, dans les locaux de l'anthropométrie. Là, elle sera fichée : photos, signalement, empreintes digitales, remise de la carte sur laquelle s'inscrivent les visites sanitaires. Fichée, elle n'a plus le droit d'être en liberté. Tout déplacement doit être signalé à la police. Toute sortie de bordel doit être effectuée en compagnie de la patronne ou, pour les maisons de plus grande importance, de la sous-maîtresse. Étant sous-entendu que, dès qu'une prostituée met le pied dans la rue, ce ne peut être que pour y exercer sa profession, or le racolage est interdit sur la voie publique. Pour que la morale, les bonnes mœurs soient préservées, la fille doit rester enfermée dans les maisons. Maquereautage et police sont donc étroitement mêlés puisque leurs intérêts sont communs.

Telles étaient la loi et les coutumes que certains, aujourd'hui, voudraient voir rétablies.

Ainsi j'apprends, peu à peu, et surtout je comprends ce système de recruteurs, de rabatteurs, de revendeurs, de souteneurs, de tauliers, protégés par les protagonistes et complices d'une gigantesque exploitation des femmes. Les médecins eux-mêmes ne sont pas exclus de cette chaîne de négriers.

Une fois par semaine, dans un dispensaire réservé, a lieu la visite obligatoire de toutes les pensionnaires des maisons de tolérance de Bône. Là, dans une seule pièce, sont rassemblées toutes les prostituées en compagnie de leur patronne ou de leur sous-maîtresse. Ne convient-il pas de veiller sur la santé de la population mâle ? Personne ne s'inquiétant de savoir qui peut contaminer ces femmes recluses, sinon ces mêmes mâles. Tout se passe comme si elles étaient les seules responsables. « Ne faut-il pas avoir tous les vices pour faire ce métier-là ? »

Dans cette petite pièce, à peine propre, où rôde une vague odeur d'hôpital, c'est un étalage de vagins béants, de chairs offertes dans leur nudité la plus crue sous les yeux d'un médecin indifférent, aux gestes machinaux, il n'a pas un regard pour le visage de cette femme écartelée sur les étriers. Au bordel, il nous reste un prénom, un signe particulier, un surnom, ici nous ne sommes toutes que des sexes.

La première fois que je viens à la visite je ne peux m'empêcher de trembler, de me cacher derrière les autres. Rabrouée par l'infirmière qui passe le spéculum au médecin, je me dénude devant toutes, au milieu de la salle, je grimpe sur la table, mets mes pieds dans les étriers. Comme je ne desserre pas les genoux, il a un geste d'humeur, me tape sèchement sur les cuisses, énervé, m'ordonnant de les « écarter convenablement ». Apeurée, je ne résiste pas davantage et je subis le regard de cet homme entre mes jambes, puis la pénétration d'un objet dur et froid qui me glace. En descendant de la table, choquée, je ne peux pas m'empêcher de pleurer. Mes sanglots étonnent toutes ces femmes et plus encore le médecin. Madame Carmen me secoue : « Tu as fini de pleurer comme une madeleine ! Qu'est-ce qui m'a foutu une *tonta* pareille ! »

Une femme ricane : « Non mais t'as vu celle-là ! On croirait qu'elle n'a jamais ouvert les cuisses !... »

L'horreur véritable de ce lieu, ce ne sera que plus tard que je la connaîtrai. Je n'ai plus mes règles depuis déjà deux mois et je ne comprends pas pourquoi. « Après tout, cela doit être normal. Avec un ventre qui ne sert plus qu'au plaisir des hommes, une sorte de récipient de chair dans lequel ils se déversent, pourquoi le flot menstruel ? »

On m'a si peu expliqué la menstruation, ses fonctions, que je la considère comme un mystère, celui qui nous fait femme et, encore une fois, je n'en suis plus une. Quant au liquide séminal, j'ignore tout de son rôle, il n'est pour moi que la manifestation de la fin de l'acte.

Aussi je n'éprouve pas le besoin de parler de cet arrêt à Madame. Et quand un matin des flots de sang jaillissent de moi à intervalles réguliers, je n'y prête pas davantage attention, persuadée qu'il s'agit, à nouveau, de mes règles. Le lendemain est le jour de la visite hebdomadaire, et l'on doit lorsque l'on est dans mon cas le signaler au médecin, en montant sur la table dire : « Indisposée ! » Ce que je fais.

Avec son indifférence habituelle, il se penche, regarde, et s'écrie :

« Mais qu'est-ce que c'est que ça ! C'est une hémorragie. »

Et se tournant, sévère vers la patronne, demande :

« Qu'a-t-elle fait ? Que s'est-il passé ? »

Furieuse, Madame s'approche.

« Tu as fait quelque chose ? »

Je ne comprends pas, je me défends, j'explique mon retard, bien normal, puis ce sang.

« C'est une fausse couche, coupe le médecin pressé. Emmenez-la à l'hôpital, je vais signer son hospitalisation. »

Son air dégoûté me donne l'impression d'avoir commis quelque chose de très mal. Mais comment puis-je faire une fausse couche ? J'étais persuadée qu'une prostituée ne pouvait pas être enceinte.

« Il ne manquait plus que ça, se lamente Madame Carmen. Mais, idiote, tu ne prends pas de précautions !

– Lesquelles ?

– Qué misère ! Non mais c'est pas croyable ! Allons, viens. »

Les précautions seront très simples, c'est Fatima qui m'expliquera comment je dois poser au fond de mon vagin une petite éponge appelée « mignonnette », la retirer et la laver après chaque passe. Madame m'en fournira plusieurs, dont le montant ira grossir ma dette.

Je me retrouve dans une salle d'hôpital à la peinture écaillée, réservée aux prostituées et aux femmes musulmanes.

« Couchez-vous là, me commande la sœur en me désignant un lit. Demain matin, le docteur passera faire la visite. »

Elle sort. La clé tourne dans la serrure : nous sommes enfermées ! Je regarde les fenêtres, elles ont des barreaux.

Il m'est impossible de dormir de la nuit, mon ventre est ravagé, tordu de douleur et j'ai peur. Demain, que va-t-on me faire ? Comment pourrais-je avoir confiance dans ces médecins ? Je vois bien la manière dont ils nous traitent dès que nous sommes entre leurs mains. Ces fonctionnaires ont le droit de nous enfermer dans un dispensaire pour traitement antisyphilitique, de décider si nous sommes suffisamment saines pour pouvoir continuer à être en contact avec la clientèle. Ce n'est pas nous, notre cas, notre affection qui les intéressent, mais le client. Comment ne pas les redouter ?

Le lendemain matin, un homme en blouse blanche s'approche de mon lit, d'un geste me découvre, me palpe brutalement.

Son regard ne fait que croiser le mien mais j'ai le temps d'y lire son mépris.

« Je la verrai tout à l'heure sur une table. »

Un peu plus tard, une sœur vient me chercher, je la suis. Le médecin m'examine.

« De quand datent vos dernières règles ?

– Je ne sais pas, docteur.

– Comment vous ne savez pas ! Vous vous foutez de moi ! Quel moyen avez-vous employé pour avorter ?

– Mais aucun, docteur. Je n'ai pas avorté, je n'ai plus eu mes règles et puis elles sont revenues tellement fortes, à flots. »

Très en colère, il frappe du plat de la main sur la table.

« Ça ne prend pas avec moi vos histoires ! Dans votre intérêt, dites-moi la vérité.

– Mais je vous l'ai dite, docteur, je n'ai rien fait.

– Ma sœur, remmenez-la. »

Quelques heures plus tard la sœur m'ordonne de me lever.

« Le docteur a décidé votre départ, et soyez contente qu'il ne prévienne pas la police. Ici c'est un hôpital, on ne traite pas ce genre de maladie. Votre patronne est avertie, elle vient vous chercher. »

Aucun soin ne m'a été donné. Quand je suis partie, l'hémorragie n'était pas arrêtée.

Je ne pouvais plus travailler. J'ai tenté ce que j'espérais être ma chance.

« Madame, dans cet état je ne suis plus bonne à rien. Dieu sait quand ça s'arrêtera. Je suis finie, laissez-moi partir.

– Tu me prends pour quoi ? Pour une qui va te faire des cadeaux ? En attendant d'être guérie, tu feras boire les clients. »

Mes pertes de sang s'espacent mais je continue à souffrir de douleurs dans les ovaires qui me plient en deux.

Magnanime, Madame me donne des comprimés d'aspirine.

« Tiens, prends-les. Je les mets sur ton compte. »

Mon compte, à combien s'élève-t-il ? Jamais je ne l'ai su.

Quelques jours plus tard je considère cette hémorragie comme providentielle. Elle me permet de faire la connaissance de deux jeunes gens, Maurice et Albert, venus prendre un verre au bordel. Il y a peu de distraction à Bône. Ils sont étudiants et ont mon âge. Comme je ne peux pas monter, je leur tiens compagnie. Ce sont des garçons bien. Le genre de clients qui plaît à la patronne, la flatte, lui fait croire qu'elle dirige un bordel « chic », bien fréquenté. Cela la calme un peu vis-à-vis de moi. Ils ne sont pas assez bêtes, le patron et elle pour ne pas avoir compris que je n'aurai jamais de « mentalité », que je ne serai pas une « gagneuse ». Le scandale que j'ai causé en tentant d'assommer l'Arabe s'est su en ville. Une maison close où les filles blessent les clients n'a pas une bonne renommée. Ma réputation, je m'en fous, je préfère même qu'elle soit mauvaise. Mais eux sont d'un tout autre avis. Aussi que je sois demandée à la table d'Albert et de Maurice leur plaît. D'autant plus qu'ils ont, comme le dit Monsieur Louis, le mousseux facile.

Je sais maintenant que la porte du Chat noir ne s'ouvrira pas de l'intérieur. Ce qu'il me faut c'est une complicité venue de l'extérieur.

Au bout d'une quinzaine de jours, j'ai repris mon travail et j'ai remarqué que mes deux « amis » me suivaient des yeux lorsque je montais en compagnie d'Arabes. Il y a dans leur regard comme une désapprobation, et même, ce qui me surprend davantage, une certaine pitié. Ce genre d'expression, je ne savais plus qu'elle pouvait exister : « on ne monte pas après des Arabes ». Cependant ils finiront par m'avouer qu'ils ne viennent que pour moi. Nous bavardons de la ville, de leurs soucis, des événements et même de livres, ce qui paraît les étonner. Lire me manque beaucoup, les livres n'entrent pas ici, d'ailleurs quand aurions-nous le temps de les ouvrir ?

Lorsque ma tante Aïcha travaillait chez son patron avocat, elle m'avait souvent emmenée avec elle. Je l'aidais un peu, c'est ainsi que, rentrant dans la chambre de Mademoiselle, j'avais été fascinée par une grande bibliothèque vitrée bourrée de bouquins. Tellement que la jeune fille, me surprenant en train de les admirer, m'avait proposé :

« Si tu en as envie, tu peux me les emprunter. »

J'avais, à cette époque, lu avec avidité, pêle-mêle, *L'Odyssée*, la comtesse de Ségur, Jules Verne, Balzac et bien d'autres. De ce moment il m'était resté une véritable passion pour la lecture.

Mes nouveaux amis ont l'innocence de leur âge. Cela leur permet d'avoir de moi une idée romanesque. Maurice se fait peu à peu, je m'en aperçois, une image de moi digne de la chevalerie, je suis la pauvre prisonnière et il brûle de me délivrer. Pourtant je ne leur ai encore rien dit de précis sur mon internement ici, pas plus que je ne leur ai exprimé que le plaisir que j'avais à être avec eux tenait beaucoup au répit que cette halte représentait pour moi : une trêve dans un horaire épuisant.

Ces garçons sensibles, ces fils de bourgeois sont-ils ma chance ? Malgré tout ce qu'il y a de tacite mais de fort entre nous, il me faudra des jours pour faire entièrement confiance au sérieux un peu solennel d'Albert, aux yeux brun doré, mélancoliques de prince charmant de Maurice, que ce compliment fait rougir comme une jeune fille dont il a l'apparence frêle et mince.

J'en trouverais peut-être de plus musclés, mais pas de plus sincères. Je m'en aperçois quand je décide de me confier à eux et leur dis ma résolution de m'enfuir. « Nous en étions sûrs. » Ils sont indignés et résolus, ils m'aideront.

Je ne suis plus seule, c'est une sensation étonnante, un coup de soleil dans ma chambre close. Il me vient aux lèvres comme une chanson : quelques mots de celles préférées de ma mère. Elle m'a entendue, elle vient à mon secours. Je ne suis plus maudite.

Comment tromper la vigilance d'Ahmed ? Comment faire ouvrir cette porte et la franchir ? Il n'existe pas de prétexte qui me permette de sortir. C'est désespérant. Et pourtant un jour, dans la lumière orangée, au son de la musique arabe du vieux phono, assis à une table de bois, nous avons décidé de mon évasion. Ma fuite vers la liberté avait commencé. Elle devait durer quinze années pendant lesquelles je n'ai jamais perdu l'espoir. Un espoir qui m'a soutenue durant toutes les journées, les nuits passées dans des bras anonymes.

Avec Maurice et Albert, nous échafaudons des plans dont aucun ne nous paraît exécutable. Cependant nous parvenons à une certitude : il faudra que je m'enfuie à l'aube. C'est le seul moment possible, c'est impensable dans la journée et même la nuit, il y a trop de mouvement.

Et puis, un soir, entre un Américain. Il boit un verre, me sourit, c'est rare. Les hommes qui viennent là ne perdent pas leur temps en sourires ; ils n'ont pas besoin de plaire, d'être sympathiques. Bâti en force, il a une attitude tranquille, celle de l'homme qui prend son temps, il n'est pas pressé de monter, il me propose même de me reposer un instant, près de lui. Cette attention inhabituelle me touche, me donne confiance et, dès que nous sommes dans la chambre, je lui parle. Nous nous entendons plus que nous ne nous comprenons, il bredouille un mauvais français. Cet homme de cinquante ans, vêtu en civil, est officier de marine, son bateau fait escale à Bône. Près de lui je n'ai pas peur, pas de dégoût non plus.

Le lendemain Walter revient me voir et je pense qu'il est ma chance, je le sens si proche de moi que je lui confie mon projet. Alors, tranquillement, il me donne de l'argent, il a un sourire satisfait, avec ce geste il vient de supprimer tous les obstacles, il en est sûr.

« Vous, go, partir.

– Non, Walter, je suis prisonnière.

– Oui, oui », me répond-il en hochant la tête. Mais je lis dans ses yeux bleus de gosse américain qu'il ne comprend pas. Il ne peut pas comprendre.

Alors patiemment, longuement, je lui explique mon cas. Cette révélation l'abasourdit. J'insiste :

« Moi partir, vous m'aider… »

J'ai un tel désir de fuite, je mets dans mes propos une force tellement convaincante qu'un sourd m'entendrait.

Il accepte, il est même prêt à se battre, il me montre ses poings solides : « Non, non, il ne faut pas de scandale, nous devons employer la ruse. »

Mon plan se construit. Walter va dire à la patronne qu'il veut passer la nuit avec moi. Au petit matin, il sortira et lorsque Ahmed tout ensommeillé lui ouvrira la porte, je me faufilerai. Dehors, Albert et Maurice m'attendront avec mon billet pour

Oran et me conduiront à la gare. Je ne connais rien de la ville et je n'ai pas intérêt à traîner dans la rue.

La date est arrêtée. Aujourd'hui est mon dernier jour. Enfin, je vais sortir de ma prison, de cet enfer. C'est une joie angoissante. Toute la journée il me semble que quelque chose d'imprévu peut arriver et tout remettre en question. Rien. Elle se déroule banalement. Le soir, Walter monte avec moi. J'entame ma dernière nuit ici. Je la passe en tremblant, une main dans celle de Walter qui me rassure. Nous n'avons dormi ni l'un ni l'autre. L'aube n'entre pas dans ma pièce, mais Walter la voit à sa montre : c'est le moment ! J'ai mis mon unique robe, celle avec laquelle je suis arrivée ici, avec laquelle je vais à la visite. Mes mains sont vides. Je n'ai rien à emporter. Il descend, je marche dans ses pas. Il réveille le gardien. Je reste derrière, je guette le moment où la porte va s'ouvrir. Protégée par Walter qui s'efface, je me précipite dehors. Je reçois la rue comme une grande gifle qui me fait perdre le souffle, c'est fort la liberté, Albert et Maurice accourent, ils me prennent la main. Walter nous crie : « Good luck ! » et tous trois follement nous courons vers la gare. Déjà je l'aperçois.

Derrière nous, Ahmed nous poursuit en criant :

« Arrêtez-la ! Arrêtez-la ! Elle s'est sauvée du bordel ! »

Des persiennes s'ouvrent, claquent contre les murs, on s'interpelle.

« Qu'est-ce qui se passe ?

– Appelez la police ! leur crie mon gardien, il faut la rattraper. »

Je cours, je cours sans savoir que déjà tout est inutile. Je cours parce que pour, quelques instants encore, je suis libre et c'est bon.

« La police ! » hurle Ahmed.

Il y a quelques secondes les rues étaient vides, la ville sommeillait dans le petit matin. Maintenant des hommes se sont joints au gardien. Savent-ils seulement pourquoi ils chassent ? et quel gibier ils coursent ?

J'atteins la gare. Sur le quai j'aperçois un train qui va partir, entre lui et moi un fonctionnaire. À la main j'ai le billet que Maurice m'a remis : « Dieu, faites qu'il me laisse passer ! » Mes deux amis lui parlent. Je ne sais pas ce qu'ils lui disent mais, proche, la meute est devenue attroupement. Ahmed intervient auprès de l'employé du chemin de fer : « Ne la laissez pas passer, elle n'a pas le droit de partir. » Le portier du bordel m'interdit de partir ! C'est fini pour moi. Les gens me sont hostiles : « Elles ont tous les culots ces putains », « Se sauver du bordel, quel toupet ! », « Salope, va ! Sale pute ! »

Prévenue par un voisin du Chat noir la police n'a plus qu'à me cueillir au milieu de l'approbation satisfaite du public.

Je suis encadrée, ramenée au Chat noir comme une voleuse.

Albert et Maurice m'ont suivi jusque-là ; ils me regardent, nous échangeons nos désespoirs. Je ne les reverrai pas, la patronne leur interdit l'entrée. Et la porte se referme sur moi.

La réception des deux tauliers je m'en fous. J'ai approché quelque chose que je n'oublierai jamais et ils le savent. Alors, les cris, les sarcasmes du style : « Comme ça, mademoiselle, elle croyait qu'elle pouvait partir ! Et tout cet argent qu'on a dépensé pour elle, elle croit qu'on va lui en faire cadeau ! Mais pour qui te prends-tu salope ! » ne m'atteignent plus ; ni même les coups.

Le lendemain j'ai droit à la visite d'un policier qui m'informe de la loi, l'officielle, pas celle de mes tenanciers. Elles se rassemblent étrangement : « Tu n'as pas le droit de sortir de cette maison sans l'autorisation personnelle du commissaire de police. Et pour l'obtenir, tu dois nous aviser de tes désirs de déplacements, nous faire savoir dans quelle ville tu penses te rendre afin que nous puissions informer nos collègues de l'endroit où tu iras.

« Eh bien, je voudrais me rendre à Oran. »

– À Oran ? Ton patron ne m'en a pas parlé, et où ?

– Dans ma famille.

– C'est impossible. Tu ne peux aller que dans une autre maison. »

Je lui crie :

« Toute ma vie ! »

Il me dévisage étonné et agacé :

« Tu le sais bien, tant que tu seras en fiche. »

La discussion est terminée.

Je suis plus seule que jamais.

« Quelle chaleur ! Ta chambre est fraîche. Tu ne connais pas ton bonheur. Si tu voyais ce soleil dehors ! » me dit, inconscient, l'homme qui m'a choisie.

Ce pays, paraît-il, est celui du soleil. J'en suis privée ; les portes des chambres s'ouvrent sur le couloir qui conduit à l'escalier, en bas dans la salle, aucune fenêtre.

« Oui, j'ai de la chance, je n'ai jamais trop chaud. Froid non plus. »

Il paraît que c'est l'été. Les clients m'en parlent. Les gens font la sieste, s'assoient aux terrasses des cafés, marchent dans les avenues, vont se baigner. Les gens vivent.

Moi aussi, j'allais me baigner au hammam avec tante Aïcha. Un plaisir que j'attendais pendant des jours. La veille, je regardais ma tante préparer le couffin avec le *ghassoûl*[2], l'*alfa*[3], les serviettes, les gâteaux, le Halva…

Dans les bains maures l'atmosphère était gaie, chaleureuse, les femmes allaient, venaient, se croisaient, bavardaient dans le brouhaha. Elles s'épanouissaient au milieu des vapeurs d'eau chaude. Les enfants s'éparpillaient, criaient, couraient, se jetaient dans les bassins d'eau fraîche, s'éclaboussaient. Les bruits, les mouvements de la vie. Une vie légère où tout était oublié.

Tout autour de la salle des ablutions, les murs étaient recouverts de carrelages de céramiques peintes. Je les trouvais merveilleuses, belles comme des contes persans revus par Hollywood. J'avais une véritable passion pour le cinéma. Il m'arrivait d'y aller en cachette, employant l'argent qu'on me donnait pour mon repas à l'école.

Ces peintures représentaient des cavaliers galopant vers des princesses des Mille et Une Nuits. Un rêve...

L'eau fraîche coulait dans des bassins de grès creusés dans le carrelage : c'était un lieu exquis.

Tante Aïcha m'installait entre ses cuisses nues, m'imprégnait les cheveux de ghassoûl, me frottait le dos avec une poignée d'alfa qui me râpait agréablement la peau. Mon corps oscillait d'avant en arrière et, chaque fois que je retombais sur elle, je sentais la fraîcheur de son ventre contre mon dos. Ce contact me plaisait ; elle avait une forte poitrine douce et moelleuse. Lorsqu'elle me rinçait, je suffoquais sous l'eau froide, extasiée.

Tous les enfants étaient baignés de cette façon et chacun de remercier et d'embrasser respectueusement sa parente.

« *Sarrah*, lui répondait-elle, *Sarrah*, ma fille, que Dieu te bénisse. »

Puis, nous allions nous étendre dans une salle qui embaumait le thé à la menthe et l'orange. Les femmes se souriaient, le bonheur était là.

Ces femmes étaient souvent grosses avec de petits pieds, apparemment heureuses d'être grassouillettes et même grasses car les hommes aimaient les gros *Tarmas* [4]. Sur toutes les tables, près d'elles, traînaient des loukoums et du Halva [5] qu'elles mangeaient avec des mines gourmandes.

Le hammam mélangeait cordialement les nudités épanouies, minces, claires ou foncées dans la chaleur humide de ses vapeurs. Seuls les tatouages témoignaient d'une différence raciale.

Ces jours-là qu'importait si, en dehors des bains, nous n'avions pas d'eau, ni courante ni potable, pas d'électricité, si pour nous toutes c'était le Moyen Âge… Nous qui partagions la même misère, nous partagions le même plaisir.

Ce rituel du bain, ces allées et venues d'une salle dans l'autre duraient une bonne partie de la journée. Lorsque, enfin le soir, repues, fatiguées, nous regagnions la maison, lisses, nettes et roses, nous en parlions encore :

« Allons, disait ma tante, c'était bien bon aujourd'hui. Je ne changerais pas ma place avec celle de la reine d'Angleterre… »

Là-bas dans mon pays à moi, à Oran, le matin le chant du muezzin me réveillait, un chant mélodieux, lent, qui se mêlait à celui des oiseaux. Il montait vers le soleil qui se levait. Je lui trouvais la douceur des pâtisseries au miel et le parfum des fleurs de jasmin.

Ici, écrasée de fatigue, je dors à l'heure des muezzins, j'ignore si dans le ciel de Bône leurs psalmodies se répondent.

Au dire de mes clients, Bône est si pittoresque. « À Bône, le stade te donne envie de courir et le cimetière de mourir », me répètent-ils, fiers de leur cité. Pour m'en faire une idée, le chemin du Chat noir au dispensaire est bien court.

Peut-être autour de nous y a-t-il une ville ? Celle que je ne connaîtrai jamais.

Juliette a mon âge, elle vient de Perrégaux, un village dans la campagne oranaise. Elle est ici de son plein gré et cependant elle déteste ce que nous faisons. Avec elle, je parle. Je parle même beaucoup, je me confie, elle aussi.

« Tu sais, nous étions cinq enfants à la maison et comme je suis l'aînée, c'est moi qui m'en occupais. En commun nous n'avons que notre mère ; nous sommes tous nés de pères différents. La misère, tu l'as connue aussi. Seulement, en plus, chez moi, il y avait tous ces ventres affamés que je devais nourrir, et avec quoi ? Il en fallait de l'invention ! J'en avais. On mangeait beaucoup de farine de pois chiches, ça nourrit !

» J'ai tenu jusqu'à l'âge de quinze ans, jusqu'à ce que l'amant de ma mère me viole. Ce jour-là, il m'a appris la haine. Tu vois, quand j'en parle, aujourd'hui, ici, eh bien je suis encore bouleversée de colère, de dégoût, de rage.

» Et puis, j'ai rencontré Pierrot. On pouvait se comprendre, lui aussi était fils de famille nombreuse. Je lui ai parlé, je lui trouvais des yeux gentils, ce n'est que plus tard que j'ai vu qu'ils étaient beaux. C'était surtout sa façon de regarder, confiante et malheureuse, qui m'avait touchée. Nos deux misères réunies, ça faisait quelque chose qui ressemblait au bonheur. Un jour, il m'a dit : "Je pars pour Oran, là-bas je trouverai du travail et je viendrai te chercher." Il est revenu totalement à plat. Des jours et des jours il avait demandé – à droite, à gauche – manœuvre sur le port, gardien de chantier, laveur de voitures, de vaisselle – n'importe quoi – il n'y avait rien pour lui.

» Alors il est revenu vers moi comme un chien battu. À le voir j'en avais des larmes plein les yeux. Nous ne pouvions pas rester comme ça, tu comprends ? »

Ça, je le comprenais, j'aurais même aimé être à sa place. Elle avait quelqu'un à aimer. C'était après que je ne comprenais plus.

« J'ai dit à Pierrot, il faut en sortir, on ne va pas traîner notre misère comme ça pendant des années.

– Et tu as pensé à la prostitution.

– Oui, ça marche toujours. La preuve : la boîte, elle ne désemplit pas. On ne te demande pas de références, on te prend. Nous en avions assez avec Pierrot des questions : "Où avez-vous travaillé ? Montrez vos certificats. Vous êtes recommandé par qui ?"

» J'ai parlé avec des filles qui étaient du métier, elles m'ont expliqué comment ça marchait avec des bons, des mauvais jours, les flics sur le dos, mais elles se faisaient du fric, beaucoup plus qu'en travaillant. Alors, j'ai pensé à entrer dans une maison, pas de client à chercher, il vient à domicile. La police, elle est de mèche avec les patrons, pas d'histoires. Je me suis dit aussi que ça irait plus vite que sur le trottoir. Quand avec Pierrot on aurait un magot suffisant on prendrait pour commencer un petit café dans une baraque en planches au bord d'une plage.

» Au début, mon idée ne lui plaisait pas tellement, puis il a dit : oui. Alors comme les filles m'avaient expliqué que sans homme on n'est pas admise, c'est lui qui est venu me présenter ici. C'est très simple, ils le prennent pour mon maquereau. »

Tous les soirs, après la fermeture, il vient voir Juliette et prendre la « comptée » de sa femme que le patron lui verse sans le tromper d'un sou. Il respecte la loi : truander un protecteur, ça peut coûter gros.

Tout ce qu'elle me raconte de sa pauvreté, de sa vie je le comprends mais quand on a eu la liberté, venir s'enfermer au Chat noir !... Il me semble qu'elle aurait pu trouver autre chose.

D'autant qu'elle déteste l'ambiance de ce bordel. Faire un minimum de cinquante passes par jour la révolte. Elle ne supporte pas non plus nos patrons, elle les trouve avares, mesquins, dit qu'avec l'argent qu'ils gagnent ils pourraient avoir une maison mieux tenue, une clientèle autre. Et comme elle m'aime beaucoup, elle est révoltée par ce qu'ils m'ont fait. Cette contrainte que j'ai subie, cette ignorance dans laquelle ils me tiennent. « Défends-toi, exige tes comptes. » Quand elle me parle cela me fait du bien. Seulement je sais que c'est illusoire : sans homme pour me défendre, je n'aboutirai pas.

De plus en plus fréquemment Juliette râle : « Hier soir, j'ai dit à Pierrot que j'en avais marre, qu'il n'était qu'un fainéant.

Monsieur a une chambre en ville, pas de soucis, de l'argent de poche. Il va devenir un vrai maquereau.

– Ce n'est pas tout à fait vrai, ton argent il le garde pour vous.

– Oui, mais je suis seule à le gagner. »

Elle change de sujet, s'embarque vers d'autres horizons : « Tu sais, lorsque nous serons sortis d'affaire, je ferai plein de cadeaux à ma mère, mes frères, ma sœur. Je sais déjà ce que je leur achèterai. »

Avec ce genre de pensées, elle se regonfle, retrouve son courage. Pour elle le Chat noir n'est qu'une étape qu'elle veut courte, très courte : « Écoute, on ne peut pas rester ici. Il faut se trouver une maison plus chic, on est assez jeunes et jolies pour ça. Une taule où on sera convenablement traitées.

– Tu n'as pas à te plaindre, grâce à Pierrot on te considère.

– Mais toi, non. On gagnera plus en en faisant moins parce que les passes seront plus chères. Comment veux-tu qu'avec les prix qu'ils pratiquent on ait des clients un peu bien ? »

Plus tard j'apprendrai qu'il n'y a pas de clients « bien ». À cette époque, j'y croyais encore. Et, bien que le métier me répugnât, j'imaginais des conditions moins pénibles.

Un matin, après le départ de Pierrot, Juliette vient me trouver : « Ça y est ma cocotte, on a ce qu'il nous faut. Une maison à Philippeville. Ils cherchent des nouvelles, les passes sont bien payées, on gagnera notre fric plus rapidement. Pierrot va partir là-bas et prendre des arrangements et on file.

– Toi, mais pas moi.

– Comme si j'allais te laisser. Pierrot va leur dire que tu es ma doublarde, aucune difficulté, deux filles au lieu d'une ça ne peut que leur plaire.

– Mais ici ?

– J'y ai pensé. Pierrot viendra passer deux nuits avec toi ; vous vous contenterez de roupiller mais, au matin, tu seras dédouanée, ce sera ton mac et comme tu es sans homme personne ne pourra rien dire. Ils croiront tout, tu partiras avec nous, c'est une question d'argent ! »

Une autre maison ! ce n'est pas la grande liberté dont j'ai rêvé... Seulement, je deviens plus réaliste, c'est l'occasion de partir d'ici et ça je ne peux pas la laisser passer. Pour échapper aux serres de ces rapaces il faut jouer le jeu du milieu.

Le programme mis au point se déroule sans accroc. Pierrot, devenu efficace, revient de chez Monsieur Jo avec nos deux engagements. Dans le style « très correct », il met Monsieur Louis au courant de ses transactions.

Quand Pierrot leur parle de mon départ, les patrons répondent : « C'est possible si tu la rachètes. On ne te la vend même pas. Un simple remboursement de ce qu'elle nous doit. » C'était incontrôlable. Pierrot accepta le chiffre : tous les mois, pendant un an, il leur mettrait un mandat.

À l'époque, qu'ils aient cru l'homme de Juliette m'a étonné, je ne savais pas encore qu'un patron de bordel fait toujours confiance aux maquereaux. C'est certainement ce sentiment qui les a fait céder tellement facilement ; s'ils avaient su que Pierrot jouait la comédie, j'aurais pu finir mes jours chez eux. Il faut dire aussi qu'ils n'étaient pas fâchés de me voir partir, ils avaient eu trop d'ennuis avec moi et comme dans l'opération leur bénéfice devait être substantiel, ils semblaient satisfaits.

Pendant quelques jours je ne peux m'empêcher de gamberger : je pense à des choses claires, propres, une vie au soleil, du sommeil, une vie sans hommes.

Juliette doit le sentir car elle s'inquiète.

« Tu ne vas pas faire de conneries. Tu ne vas pas mettre Pierrot dans les emmerdements. Tu verras, chez Monsieur Jo tout va être très différent. On gagne notre fric, on se met en règle avec la police et c'est fini. »

Je l'avais oubliée celle-là, mais eux, non. La veille de notre départ, le « commissaire de police » nous avertit :

« Mon collègue de Philippeville attend votre arrivée. Rappelez à votre nouveau patron qu'il doit nous avertir de votre présence dans les vingt-quatre heures. »

Même si je le voulais…

La porte si bien close du Chat noir s'ouvrait mais déjà j'entendais le bruit de l'autre se refermer sur moi.

Mes rêves je ne les accomplirai pas dans ce pays où je n'ai plus que le droit de circuler de maison en maison.

Pour moi, définitivement, l'Algérie, ce sera les bordels.

## 6

Joseph Fortuno nous attend tous les trois sur le quai de la gare de Philippeville. Pas d'imprudence avec un « arrivage », on ne laisse rien au hasard.

Je ne l'ai jamais vu mais je l'ai tout de suite reconnu, il a le physique de l'emploi : une grande balafre [1] lui barre le visage de l'œil droit jusqu'à la naissance du cou, tirant un coin de sa bouche en un rictus perpétuel. De ce cadeau souvenir d'une femme, d'une Arabe, il lui reste une sorte de sourire crispé, qu'on ne saurait prendre pour une expression de bienvenue. Dans la Juva 4 qu'il conduit, il nous donne quelques détails sur sa maison, sur lui, cela doit nous permettre de le situer avec respect : « J'ai une sous-maîtresse qui s'occupe de tout. Moi, je n'ai pas le temps. » Plus tard, j'apprends la véritable raison : il vit avec l'ex-femme d'un officier. Éblouie par Monsieur Jo elle a quitté son mari pour lui. Tenir un bordel, il n'en est pas question pour elle, c'est une femme honnête !

L'homme a de l'assurance. « Dans ma villa, au bord de la mer, j'organise des parties de poker pour les "hommes" ; avis si ça t'intéresse Pierrot... Chez moi, en privé, comme au bordel, on est à l'aise. Pas de risques, je tiens les copains de la grande maison bien en main, la police, elle me mange dedans. »

Il se vante certainement, mais pas complètement.

« Ici, on m'appelle "Monsieur Jo", un nom que les Ricains m'ont donné. La Lune rousse, c'est le nom de ma boîte, leur plaisait. J'en ai bien profité. »

Tout en parlant il nous observe Juliette et moi, dans son rétroviseur. Notre jeunesse lui procure une évidente satisfaction. Amer, il nous avoue : « Les clients deviennent difficiles, les filles ne sont jamais assez fraîches. Elles ne peuvent pas toutes avoir vingt ans comme vous, n'est-ce pas ?

» Vous n'aurez pas le temps d'apprécier mon établissement cet après-midi. D'ailleurs aujourd'hui, c'est la visite. Vous devez aller au dispensaire. Vous y resterez le temps de recevoir les soins préventifs indispensables à votre autorisation de travailler. »

Le jour même, Juliette tombe gravement malade. Conduite d'urgence à l'hôpital, elle y apprend qu'elle doit être opérée d'un ovaire, peut-être des deux. Elle est désespérée, se lamente : « Je ne pourrai plus avoir d'enfant. » Je n'ai pas le temps de la consoler, je suis conduite, sans ménagements, vers le dispensaire.

Un lieu insensé, dirigé par un médecin français, le docteur Z. Un homme âgé, l'air fatigué, ailleurs. D'après le respect et la crainte dont il est entouré, je comprends qu'il doit détenir un grand pouvoir sur tout ce qui touche aux maisons closes et aux prostituées. « Fais attention, me chuchote une femme, je vois que t'es nouvelle, il peut te boucler pour quinze jours et même plus, si ta tête ne lui revient pas. C'est un capricieux, ce type-là.

– Il a l'air malade.

– Malade de la piquouze, oui, qu'est-ce que tu veux, la morphine, il en a plein les armoires. Y sort pas des vaps. »

Comme à Bône, toutes les femmes des bordels sont là, accompagnées des sous-maîtresses. Ce qui diffère c'est l'attitude de ces dernières vis-à-vis du médecin. L'une lui donne des poulets, l'autre des œufs, des fruits. Des paniers débordants de victuailles sont discrètement déposés à terre près de sa table d'examen.

Lui, les mains tremblantes, la démarche incertaine, le regard dans le vague, ne remercie même pas. Suffoquée, je vois les filles, avant de monter sur la table, glisser un billet dans sa main ouverte. Il le fourre dans sa poche comme dans la fente d'une tirelire. Moi je n'ai rien à lui donner. Comme à Bône, les filles à tour de rôle montent sur la table, écartent les cuisses. C'est son fils, jeune étudiant en médecine, qui met le spéculum. Le même pour toutes, pas désinfecté, même pas rincé. Dégoulinant de sang rosâtre, il est réintroduit d'office. Assis sur un tabouret tournant, le médecin regarde et fait signe : Oui. Non.

Sont ainsi sélectionnées les filles auxquelles il doit faire des piqûres préventives de bismuth, contre la syphilis. Il ne s'intéresse qu'à elles. Il ponctue chacun de ses actes de la même phrase : « Tous les Arabes sont syphilitiques jusqu'à l'os, alors… »

Les intraveineuses sont faites avec le même manque d'hygiène, de précautions les plus élémentaires : d'un tiroir, il sort une seringue et son aiguille, place un garrot qui a depuis longtemps perdu toute élasticité, pique et d'un seul jet infiltre le liquide dans le sang, puis recommence avec la suivante. Après ce traitement de choc, des femmes saines sont devenues syphilitiques. Mais qui s'en est soucié ? Qui aurait osé protester ? Il lui était si facile de dire qu'« elle était déjà plombée » !

Situé dans le quartier réservé de Philippeville, à proximité des maisons de tolérance, ce dispensaire, outre la salle d'examen, se compose de deux pièces, l'une avec des lits, l'autre nue : quatre murs blancs, un carrelage que les malades résidentes doivent briquer chaque jour à la brosse et au savon noir, question d'hygiène ! Cette salle est réservée aux indigènes. Les moukères n'ont pas besoin de lit, ce luxe est destiné aux Françaises, aux Blanches. Mon nom, Aziz, n'étant pas considéré comme européen, on me met avec les Arabes. Comme j'ignore tout de cette discrimination, je proteste.

« Donnez-moi un lit, je ne veux pas dormir par terre, comme une bête.

– Déshabille-toi ! »

Je passe sous la douche avec les autres, nous sommes inondées de désinfectant, comme des chiens galeux. Dans la salle des Arabes, je me retrouve avec une trentaine de femmes qui elles, savent que le dortoir est pour les « Roumies ». Un couple de fonctionnaires, genre gardiens renfrognés, nous distribue un bol de soupe et un morceau de pain.

Pour me faire une place, le groupe des femmes accroupies par terre, à genoux sur les talons à la mode arabe, se resserre.

Chairs molles, épuisées par la souffrance et l'humiliation, viande tassée sur elle-même, elles se taisent. Cependant une sorte de frémissement se produit, les parcourt comme une onde. Je sens qu'il va se passer quelque chose qu'inconsciemment je désire. La révolte est là, tout près, son souffle me caresse. Une voix s'élève, une mélopée rauque, qui me fait frissonner. Je ne comprends pas toutes les paroles, je les devine, ce sont celles de ma souffrance qui est la leur. Une plainte s'élève, une question adressée à Dieu.

« *Ya Rebi*[2], pourquoi nous fais-tu tant de mal ?

– Pourquoi nous fais-tu tellement souffrir ?

– Dis-nous pourquoi ? »

Craché dans la haine, le mot « Roumi » déclenche la colère, les conduit à une sorte d'hystérie collective. Méconnaissant le fait que nous sommes de la même chair, du même sang qu'eux, les Français qui nous traitent de la sorte seraient fort étonnés de la réaction de violence qu'ils font naître et qui s'extériorise dans ce lieu.

« Ouïe ! Ouïe ! Ouïe ! » crient les femmes, pleurant, gémissant, se giflant, se griffant le visage en hurlant leurs imprécations :

« Que la malédiction soit sur toi ! »

« Que la mer t'engloutisse, toi et les tiens ! »

« Que le tonnerre t'écrase ! »

« Que tu pleures des larmes de sang ! »

« Que maudits soient tes parents ! »

Cris spontanés, litanies de la malédiction, chacune invente la sienne, la crée, c'est un crachat sur la face de l'Infidèle, du Français. Elles emplissent la pièce de leur haine. Et je me joins à elles avec ferveur. Oui, moi aussi, je souhaite qu'ils crèvent dans les pires souffrances ceux qui se donnent sur nous le droit de mort. Je souhaite leur destruction à eux tous, même si je dois disparaître avec eux, mais qu'un instant, un seul, ils nous rendent notre dignité.

J'ai dix-neuf ans. La Lune rousse est mon deuxième bordel.

Je comprends vite que Juliette ne viendra pas, sa convalescence sera longue. Pierrot reste auprès d'elle.

Ici, pour l'instant, nous sommes trois Françaises ; nous ne resterons pas seules. Le recrutement marche à plein. La loi Marthe Richard vient de fermer les maisons dans la métropole. Les demandes d'entrées affluent. Comme les Arabes préfèrent les blondes – c'est leur exotisme à eux – les nouvelles arrivées font une sérieuse concurrence aux Mauresques, qui se plaignent, et les bordels sont en émoi. Venues de France, les femmes s'amènent avec leur mac qui vient les installer. Pas d'erreur possible, pas de bavures. Si une fille débarque seule dans une maison, le patron prévient les maquereaux, les caïds, ceux qui font la loi. Ils viennent aux renseignements : la fille doit alors faire la preuve de son « mariage » avec un « homme », sinon l'un d'entre eux, avec l'accord des autres, se l'approprie. « Une femme seule, ce n'est pas moral. »

Il arrive que des petites malignes, plus très jeunes, lassées de leur maquereau, pensent lui échapper en venant en Algérie. Elles tombent dans un piège encore mieux tendu. Non seulement elles passent au tribunal, mais elles sont mises à l'amende. La fille qui s'est fait la malle est enfermée dans un bordel d'abattage, ou plus affreux, dans un *Bushbir*, la grande terreur de toutes les femmes d'ici, quels que soient leur âge ou leur race. Ces *Bushbirs*, installés en Algérie, en Tunisie ou au Maroc, sont situés aux confins du désert. Gardés par l'armée, ils servent aux légionnaires, aux bataillons disciplinaires d'Afrique et à quelques Arabes nomades. Aucune fille n'en est jamais revenue, mais des hommes, des vieilles maquerelles ont parlé. Tout vaut mieux que ce lieu pénitentiaire.

Autour de nos bordels, un véritable « milieu » continental s'enracine. Le Corse, très bien en place, a ses ramifications dans l'administration, de préférence les douanes ou la police. Ensuite, viennent les Marseillais, puis les pieds-noirs d'origine maltaise, les « minables », le dernier échelon de l'aristocratie des proxénètes.

Qu'elles soient maquées par l'un ou par l'autre, les femmes, pour survivre, cultivent toutes la même illusion quand elles parlent de leur mac : « Je travaille quelques années encore, puis mon "homme" me retire du tapin, il me l'a promis. On s'achètera un commerce, je serai la patronne. » C'est la belle histoire, le conte de fées. Les plus chançardes deviennent maquerelles. Elles aussi elles ont fait le tapin, elles aussi leur « homme » leur a doré la cage avec des mots. Et, après des années de travail, il les a laissées. Une déconvenue banale qu'elles admettent facilement parce qu'il a tous les pouvoirs. L'« homme » a tous les droits, y compris celui de les abandonner lorsqu'elles sont trop fanées. Alors pour elles la chance c'est la retraite dans un bordel : travailler à surveiller les autres. Après tout, c'est une forme de réussite ; elles sont enfin débarrassées de cette sangsue : le maquereau.

Il faut être très rusée, constamment en éveil, pour ne pas tomber dans le filet. Je finis pas préférer être sous la dépendance de Monsieur Jo, qui m'a rachetée à Monsieur Louis. Juliette et Pierrot n'étant plus dans la maison, je retombais entre les mains de mes patrons. J'ai eu droit au discours d'entrée : « Je ne veux pas d'histoires. Tant que tu seras à moi, que tu ne m'auras pas remboursé, je t'interdis de te "marier". »

Je suis donc temporairement à l'abri d'être « maquée » mais je suis sans illusion, mon sort reste précaire. Il suffit que soit proposé à Monsieur Jo un rachat intéressant.

Pas plus qu'au Chat noir, je ne toucherai le moindre centime à la Lune rousse.

On voit très peu Monsieur Jo. Sa maison est dirigée par une sous-maîtresse fardée, usée, qui applique sans faiblesse le règlement intérieur. Elle distribue les jetons, sert à boire, surveille la porte. En cas de bagarre, elle sert d'arbitre. Le client est roi s'il est mécontent. S'il exige le remboursement, on le lui accorde. Cela fait partie de la réputation de la maison. Elle doit être bonne car les clients parlent entre eux, parlent en ville, se donnent les bonnes adresses.

Le sourire est obligatoire, il est indispensable à la comédie que nous jouons. Combien de fois ai-je surpris des filles qui pleuraient avant de descendre dans la salle, et qui, sur leur visage déjà fané, accrochaient ce fameux sourire ? Souvent j'ai l'impression absurde que nous sommes des sortes de comédiennes donnant une représentation misérable.

Misérable, tout l'est ici, sauf la salle qui est d'un meilleur aspect que celle du Chat noir. Ma chambre, le lieu de mon travail et de mon repos : quatre murs blanc décrépis, une porte, une armoire, un divan crasseux au pied duquel est jeté un tapis pour que les chaussures des clients ne salissent pas le couvre-lit.

Et c'est dans ce décor que des hommes de toutes conditions viennent chercher l'amour !

Rien de tout cela ne serait supportable s'il n'y avait pas Liliane. Une blonde Lyonnaise, une fille chaleureuse. Ses yeux bleus, c'est le ciel que je ne vois jamais. À quarante ans, elle pourrait être ma mère. D'ailleurs, elle a une fille dont elle me parle beaucoup : « Elle a ton âge. Elle est en France. Ce sont mes parents qui l'élèvent. Tu penses bien qu'elle ne sait rien de mon métier. Je travaille en Algérie, un point c'est tout. Elle fait ses études, du droit, je crois... » Liliane rêve : « Ma fille, elle, aura un bon métier, peut-être dans l'administration. Tu vois, je préfère ne pas la voir et qu'elle croie que sa mère la délaisse. Je préfère tout à ce qu'elle puisse un jour être entre les griffes de ces salauds... J'aimerais mieux la tuer de mes mains. Heureusement qu'avec l'instruction que je lui donne, ce sera impossible. »

Cette instruction qui préserve votre vie de toute cette saloperie me fait rêver. Pour moi, c'est fini.

Avec Liliane, il m'arrive même de rire. Un jour, elle me tend un truc bizarre, une sorte de ceinture de tissu noir avec des choses qui pendent au bout d'élastiques :

« Tiens, c'est pour toi, mets-le, que je voie s'il te va.

– Ça se met comment ?

– Autour de tes hanches.

– Qu'est-ce que c'est ? Ça sert à quoi ?

– Ce n'est pas possible que tu ne le saches pas ! C'est un porte-jarretelles, ça sert à tenir des bas.

– Des bas, mais je n'en ai jamais mis... »

Elle rit comme une folle, répétant : « Une vraie sauvageonne, une vraie sauvageonne... »

C'est vrai, je suis partie de chez moi en chaussettes blanches... j'étais si jeune.

Mon ignorance est beaucoup plus grande qu'elle ne le suppose. Depuis deux mois, à nouveau, je n'ai plus mes règles et je ne commence à m'en inquiéter qu'au troisième, étonnée qu'une fausse couche ne se produise pas tout naturellement comme la première fois. Je ne sais pas quoi faire et je laisse passer le temps. La seule chose que je sais, c'est que je ne veux pas d'enfant. Je ne veux pas mettre au monde un être voué dès sa naissance à la misère. Je ne suis pas Liliane. Je ne suis pas en France. Je n'ai pas de parents capables de l'élever. Il ne pourrait aller qu'à l'Assistance publique que j'imagine comme un autre Bon Pasteur. Je sais que c'est la loi, on peut enlever son enfant à la prostituée qui n'est pas en mesure de lui donner une éducation décente et morale. Contre nous, tout se fait au nom de la morale.

Que vais-je devenir ? La première à qui j'en parle est une vieille Mauresque qui fait le ménage : elle me conseille de m'introduire dans le vagin une queue de persil qu'elle m'apporte. Rien ne se produit. Alors elle m'insère des lamelles de savon de Marseille. À cette époque, j'ignore qu'aucune de ces pratiques n'est vraiment avortive, qu'elles risquent seulement de provoquer une infection qui peut être mortelle.

Je commence à perdre un peu de sang et m'en réjouis : nous avons réussi. En effet, en allant uriner je sens quelque chose qui se détache de moi. Ce quelque chose est un enfant, je viens de le rejeter, et je suis prise d'une grande panique. Cet enfant était le mien, il vivait en moi. Mes sentiments sont complexes : remords, satisfaction, rancœur contre cette société qui m'oblige à tuer l'enfant qui m'a été imposé par un père de rencontre.

Pendant des jours, je perds mon sang. Il s'écoule sans que je puisse l'arrêter. Comment ferais-je ? Je reste couchée et j'ai peur de mourir là sans la consolation d'avoir pu m'en sortir, ne serait-ce qu'une journée, une heure. Vivre la vie d'une fille de mon âge.

J'ai naturellement tout raconté à Liliane. Et, un soir, révoltée par l'inconscience collective, sa colère éclate : elle prend l'initiative de m'emmener à l'hôpital. À elle, personne n'ose rien dire. Sa présence d'Européenne blonde flatte Monsieur Jo, elle relève le niveau de son bordel. Très appréciée de la clientèle, très demandée, Liliane a également la réputation d'être sérieuse et je pars avec elle.

L'accueil est plus que glacial, insultant. Immédiatement le médecin voit de quoi il s'agit : « Les manœuvres avortives sont réprimées et punies par la loi. Je ne peux vous soigner sans prévenir la police et vous risquez la prison. »

La prison ! cette vie tiède qui coule de moi me terrorise bien davantage...

« Avant tout, vous allez me signer une décharge stipulant que vous vous êtes fait avorter. »

Je signe et l'on me conduit vers la salle d'opérations. Là, allongée sur la table, on m'applique un masque sur le visage. Je sens l'odeur douceâtre, écœurante, du chloroforme. Penché sur moi le visage inexpressif d'une sœur : « Respirez... détendez-vous. Respirez profondément... » J'étouffe. Sur ce visage j'appelle désespérément un signe d'intérêt humain, une chaleur, un encouragement. L'œil marron sévère est sec de toute pitié. J'ai peur de sombrer... peur du vide qui m'absorbe.

À mon réveil, j'apprends que j'ai subi un curetage, je dois rester huit jours à l'hôpital. À ma sortie, deux inspecteurs de police me prennent en charge et me conduisent dans une prison de femmes, annexe du dispensaire. J'y trouve des Mauresques enfermées comme moi, pour les mêmes raisons. Pendant des heures, elles se lamentent et j'entends les mêmes malédictions que celles qui éclataient dans le dispensaire. Bien entendu, les visites sont interdites mais je reçois des colis de Liliane, des autres femmes avec lesquelles j'avais eu si peu de contacts, et même de Monsieur Jo, ce qui m'étonne. Les journées, les nuits sont longues mais puisque je dois être enfermée, je préfère cette claustration à l'autre. Ici, il n'y a pas de clients. Je ne suis obligée ni de parler, ni de sourire, ni d'être gentille. J'ai le temps de penser et il me vient l'idée, qui se transforme en désir, d'écrire à mon père, de lui expliquer ma situation, la détresse dans laquelle je me trouve. Après tout, il est mon père. Je lui dis tout, et je lui dis surtout que j'ai besoin de son aide. Dans mon innocence, je lui fais la promesse de rester à ma place, invisible, de travailler, d'aimer mes demi-sœurs, de veiller sur elles. Je lui jure que jamais je ne l'abandonnerai, qu'il pourra compter sur moi dans sa vieillesse, que je ne me marierai pas. Mais qu'il me sauve !

Ma lettre pouvait faire sourire par sa candeur, sa méconnaissance de la vie et de ses réalités, mais elle aurait ému n'importe qui.

Remplie d'espoir, j'attends la réponse. Je ne l'attends pas longtemps. Dans sa colère, il l'a écrite d'un seul jet, sa lettre, un jet de hargne, de haine. Il me refuse l'entrée de sa maison : propre et honorable. Il a toujours su que je n'étais qu'une « brebis galeuse ». Il a élevé ses filles dans la dignité et l'honnêteté. Il ne veut pas leur faire courir le risque d'une contamination, ma seule présence les souillerait. Il ne permettra pas que je les approche.

Une lettre horrible qui me brûle longtemps les doigts et le cœur. Cet espoir, sans doute un peu fou, que je viens de perdre, me laisse désemparée.

Personne ne viendra me chercher, me sortir de là ; mes tantes ou mon père, je n'existe plus pour eux.

La seule chaleur humaine que je rencontre, c'est dans ma nouvelle famille : le bordel. C'est auprès de mes compagnes.

Leur solidarité est réelle, dénuée de tout intérêt. Cette « compréhension », je la trouverai rarement dans la société dite « comme il faut » lorsque, de nombreuses années plus tard, je passerai, enfin, du côté des gens respectables.

Révoltée, Liliane rejetait l'ensemble de la société. Lorsque je m'étonnais de ses injustices, de ses paradoxes, elle s'écriait, violente : « Moi, rien ne m'étonne de cette putain de société. Il y a encore que dans les bordels que tu trouves des gens qui ont une "mentalité". Heureusement que nous, les putains, on se soutient, sans ça, vraiment, ce serait à désespérer. »

C'est à désespérer mais pour d'autres raisons : cela fait trois ans que je fais quatre-vingts à cent passes par jour. Les jours de marché, la file d'attente est interminable. Elle s'étend à l'extérieur de la maison ; la sous-maîtresse fait entrer les hommes trois par trois, puis referme la porte. Dehors, ils attendent patiemment. Sitôt le seuil franchi, ils sont tellement pressés qu'ils ne choisissent pas, ils prennent la première disponible, nos visages ils ne les regardent même pas, ils nous suivent le pénis à la main. Malgré leur hâte, nous sommes obligées de presser le bout, le pus qui coule est signe de blennorragie et nous les refusons (le seul cas où cela nous est permis), ensuite il faut les laver. Les Arabes, ces jours-là les plus nombreux, sont d'une irréprochable propreté. Leur religion qui les circoncit les oblige de plus à de nombreuses ablutions. Il n'en est pas de même des Français qui, souvent, profitent de cette occasion pour se faire laver. C'est fréquemment un travail répugnant. Forcées de décalotter, puis d'ôter une croûte épaisse, écœurante, les filles ne se gênent pas pour protester : « Tu pourrais au moins le faire avant de venir ! » Ils rient, n'en voyant pas l'utilité, nous sommes aussi bonnes à ça.

Le soir, la chambre sent le sperme, la sueur, les pieds sales. Une odeur qui colle à ma nuit.

Nous venons de changer de sous-maîtresse. Madame Theresina est une vieille Maltaise qui ne connaît que quelques mots de français et nous fait une vie impossible. C'est une horrible bonne femme qui ne s'adresse à nous qu'en tordant sa bouche dans une grimace de dégoût. Visiblement, pour elle, nous sommes écœurantes, indociles, exaspérantes. Son œil charbonneux nous guette. Tapie, la plupart du temps, derrière son bar, elle nous épie, semblable à une grosse araignée velue. Comme elle touche un pourcentage sur les boissons (et sur les passes), elle n'a qu'une idée : que nous « fassions boire le client ». Trônant à la caisse, elle nous harcèle, nous apostrophe grossièrement.

« Eh toi, là-bas, t'y as vu l'client ! Qu'est-ce t'y attends ? »

Puis elle se tourne vers l'homme et le gratifie d'un sourire qui découvre ses chicots noircis par le jus de tabac. Car cette beauté chique !

Liliane est la seule qui lui tienne tête : « Ferme ta gueule, vieille maquerelle ! Un jour, tu crèveras comme une sale bête que tu es ! »

Nous rions, Madame Theresina pousse des cris aigus, déverse sur elle des injures en maltais, crache par terre, tandis que Liliane hausse les épaules. Elle est bien décidée à ne pas rester ici et je m'accroche à elle : si elle pouvait m'emmener...

Liliane, qui a connu des bordels en France, ne ménage pas son mépris pour ceux d'ici et pour leurs patrons : « Des salauds prétentieux ! Si on leur fermait leurs boîtes comme en France, ils crèveraient tous tellement ils sont incapables. » Elle n'aime pas l'Algérie, ni les pieds-noirs : « Des vantards vaniteux qui ne tiendraient pas cinq minutes devant un homme de chez nous, un vrai. »

J'écoute et je me tais parce qu'un homme véritable, pas plus que nous, elle ne semble l'avoir rencontré.

Son histoire est simple : elle a été mariée, son mari la battait, la trompait et l'obligeait à se prostituer. Séparée, elle est retombée entre les mains d'un proxénète, « cette engeance dont on ne peut pas se défaire », dit-elle. « Mais Francis, c'est presque un type bien, un vieux, célèbre dans le milieu : un homme de poids. Ensemble ils ont des projets : prendre en gérance un bordel à Tunis. » J'aimerais la suivre. « Seulement comment sortir d'Algérie avec une carte d'identité falsifiée ?

– Demande un extrait d'acte de naissance à ta mairie et balance la carte.

– D'ici, je ne peux pas écrire.

– Donne-moi les renseignements, Francis enverra la lettre. »

Quelques semaines plus tard, j'ai mon précieux papier que je cache soigneusement.

C'est un matin que Liliane m'apprend la nouvelle :

« Ma petite, cette fois-ci, ça y est, mon "homme" a trouvé la gérance. Je ne vais pas moisir ici. Le départ est pour bientôt. »

J'ai les larmes aux yeux.

« Faut pas ma poulette, je t'emmène.

– Jamais Monsieur Jo ne me laissera partir.

– Écoute, voilà comment on va faire : Francis prend ton billet de chemin de fer. Je te le donne. Je pars la première et toi, tu te fais la malle. Tous les jours, j'irai t'attendre au train. »

En ruminant ce nouveau plan d'évasion je m'aperçois que cela fait trois ans que je n'ai pas vu d'autre rue que celle qui mène aux dispensaires. Exploitée, harassée, ma dette est toujours intacte, pas un seul centime ne m'est revenu de mon travail.

Comme elle l'avait dit, un matin, Liliane fait sa valise. Elle n'a rien oublié. J'ai mon billet et son adresse : « Dépêche-toi de me rejoindre ! »

Je décide de partir le lendemain.

Cette nuit-là, je guette la fermeture des portes, vole un drap dans une armoire, il va me servir de *haïk*. Je me drape dedans. Montée sur la terrasse, j'escalade assez facilement le petit mur, passe sur le toit voisin, descends un étage et me blottis dans un coin de l'escalier pour attendre le matin. Je suis restée là une, deux heures. En même temps que le chant du *muezzin* j'entends un pas dans l'escalier, c'est celui du marchand mozabite qui va ouvrir son magasin, une épicerie. Bien enveloppée dans mon *haïk*, un seul œil découvert, je descends tranquillement derrière lui. La porte énorme est fermée à clé, il l'ouvre ; alors, passant devant lui, je porte la main à mon cœur en signe de remerciement, et je sors.

Mon cœur bat très vite, ma gorge me fait mal. Je suis dans le quartier réservé de Philippeville, je ne connais rien. D'abord, sortir d'ici. Dans cet accoutrement, personne ne fait attention à moi. Bientôt je me trouve sur une petite place, avec des palmiers dont les palmes se balancent dans le vent frais du matin. Il fait beau. Ce temps d'évasion, je voudrais le savourer. Mais je n'en ai pas le loisir. Je demande le chemin de la gare à un jeune Arabe, il me l'indique. Mêlée à la foule j'attends le train. Une fois montée dans un wagon, assise seule dans un compartiment, je respire. Quand ils s'apercevront de ma fuite il sera trop tard.

Furtivement, je me débarrasse de mon drap, le glisse sous une banquette. À la frontière, je donne mon extrait d'acte de naissance au douanier. Il s'en contente. Cette fois-ci, je suis libre. Je regarde les paysages défiler, mes yeux sont éblouis, déshabitués de la lumière vive, ils me font mal. Comment peut-on réduire ainsi des êtres humains ?

Liliane est à la gare, elle m'attend et je pleure dans ses bras.

Ce voyage, c'est un premier pas vers la liberté, un peu illusoire, puisqu'à nouveau c'est vers un bordel que je me dirige. Mais avec Liliane, ce ne sera pas la même chose. Juste le temps de me faire un peu d'argent pour partir…

La liberté, la véritable : une succession d'échelons difficiles à gravir.

# 7

Naturellement la Perle d'Orient est située dans le quartier réservé, entre les inévitables Chat noir, Sphynx et autres Lune rousse. Chemin faisant Liliane m'explique : « Nous avons pu prendre une gérance ici parce que les conditions sont plus abordables qu'en Algérie. Et puis la patronne, Madame Baudet, ne sera pas sur notre dos, elle rentre en France. » Même si Liliane ne m'avait rien dit, je n'aurais pas ignoré longtemps la vie et les projets de la patronne. En une demi-heure, elle m'a tout raconté. C'est une femme de taille élevée, carrée, robuste, avec de grandes mains noueuses, des mains de paysanne. D'ailleurs, avec son absence de maquillage, ses joues rondes, ses rides bien gravées, elle ressemble davantage à une femme de la campagne qu'à une patronne de maison close. En parlant elle hoche la tête, fait de grands gestes maladroits, renverse une tasse, s'écrie : « Sainte Vierge que je suis brute ! » et poursuit : « Vingt ans que je tiens cette maison. Maintenant c'est dur pour une femme seule, je n'ai plus l'âge de me coucher à des heures impossibles. Mon mari est mort, il y a déjà plusieurs années. Enfin, comme je le dis : faut savoir faire face. Avec lui, ici, c'était le paradis, ma petite, il tenait le bar, moi je distribuais les jetons. Restée seule, personne pour m'aider… Oh, j'aurais pu trouver, mais c'est que je n'ai pas confiance… Je préfère laisser la maison aux jeunes et je retourne chez moi, dans mon village natal. Là-bas, j'ai acheté du terrain. Que voulez-vous, moi, je suis une campagnarde, je vais cultiver mes légumes. Veuve, sans enfants, cela ne m'empêche pas d'avoir encore de la famille au pays. »

Elle saute d'un sujet à l'autre, ne finit pas ses phrases et me regarde comme si je pouvais les compléter.

« Je veux être enterrée près de ma famille. Avec mon mari nous avons acheté cette maison et nous avons travaillé dur. Il a fallu la relever, c'était une boîte à bicots, ils venaient y traîner, fumer le kif, les putains, toutes des Mauresques. J'ai changé tout ça. Mon mari est allé à l'administration et il a demandé à recevoir les militaires, ça nous relevait... du sérieux, pas besoin de discuter pour l'argent. Ma petite, pendant plus de dix ans nous avons été le bordel préféré de l'armée. Après il y a eu de la concurrence. Bien que je n'aie jamais fait partie du milieu, je suis respectée, c'est devenu une maison *select*. Je paie mes impôts ! » Elle renverse la tête en arrière pour mieux rire. « Les poulets et les macs ici sont bien servis. Dans le commerce, on n'a pas d'opinions ! » Nouveaux rires qu'accompagnent ceux de Liliane et de son homme.

« Moi ma petite, je n'ai jamais fait le tapin ! » Pourquoi cette déclaration ? Elle poursuit : « Mais ça ne m'empêche pas de connaître le métier, toutes ses ficelles... Je vais t'appeler Nicole, ça plaira. Mes gosses, vous allez faire de l'or ici ; les Françaises, on en raffole. Demain on ira se montrer à la promenade. »

Et le lendemain, en fin de matinée, à la bonne heure, Madame, Liliane, une nouvelle et moi à qui on a prêté une robe et des chaussures, nous nous rendons sur une place où stationnent des calèches : « Montez, nous ordonne la patronne. Tu fais le tour de la ville, lentement, pour qu'on nous voie bien ! »

C'est la parade du cirque avant la séance. Dans le quartier commerçant, notre succès est grand. Tous savent que Madame promène ses filles, ses nouvelles. Comme attirés, les hommes sortent sur le pas de leur boutique. Devant les cafés maures, des yeux avides nous fixent, nous scrutent, nous jaugent. On entend un seul souffle, un seul cœur. On sent un seul désir. Un unique regard noir nous transperce.

La parade est terminée. Ce soir, ils seront tous là à attendre leur tour...

Madame ne s'en va pas tout de suite rejoindre ses vertes prairies à vaches. Elle initie Liliane qui a pris goût à son changement de rôle et fait preuve de grandes dispositions.

Dans la journée, nous apercevons à peine Madame Baudet. Sa *fatma* lui apporte son café au lit. Elle se lève tard, fait ses comptes, sort sans oublier de nous demander si nous avons besoin de quelque chose ; ce qui me change, je n'étais pas habituée à cela. C'est sa seule marque d'intérêt, elle n'a pour nous aucune curiosité. Elle n'est ni méchante ni spécialement égoïste, simplement nous sommes d'une autre race et elle adopte vis-à-vis de nous l'attitude paternaliste des gens d'ici vis-à-vis des Arabes.

Maintenant, elles sont deux à régner le soir : Liliane qui joue son second rôle avec une impatience que je suis probablement la seule à déceler et qui m'étonne, et Madame Baudet qui descend dans la salle en robe de chambre, avec sur les épaules une petite pèlerine, les pieds dans des pantoufles écossaises, des charentaises. Comme pour s'excuser de sa tenue, elle dit : « Ce pays est tellement humide ! » et s'installe derrière le comptoir du bar à la caisse. Au-dessus d'elle, en lettres rouges, en français et en caractères arabes : « La maison ne fait pas de crédit. » Si un client insiste, force sur le charme, elle accepte la palabre, mais ne cède pas. Le jeu l'amuse, bien qu'elle en connaisse l'issue.

« Non, non, dit-elle, il n'y a rien à faire. Tu ne sais pas lire ? – elle tutoie indifféremment tous les Arabes. Regarde là, devant toi, c'est écrit. Reviens quand tu auras de l'argent. Si je devais vous faire crédit, je n'aurais plus qu'à fermer la boutique ! »

Nous prenant à témoin :

« Tu te rends compte, ces bicots, toujours à essayer de resquiller ! » Les moquant, elle ajoute : « J' t'y jure, Madame Baudet, j'y viens demain, j' t'y porte l'argent... » Satisfaite de son imitation, elle éclate de rire : « Ils n'ont qu'à aller en face, il y a des moukères à crédit, mais ils préfèrent les Françaises, tous les mêmes : pas d'argent, pas de femme. Ne l'oublie pas, Liliane. »

Elle ne l'oubliera pas. C'est autre chose qu'elle oublie à toute allure : qu'elle a été une fille comme nous, qu'elle a été ma copine, plus, mon amie. Ne m'a-t-elle pas, par sa présence d'esprit, sauvé la vie ? Ne m'a-t-elle pas aidée à venir ici ? Chaque jour, elle me semble un peu plus distante. Peut-être qu'une préférence serait mal vue ? C'est elle, depuis peu, qui donne et prend les jetons et je n'ose pas lui demander ce qu'elle fait des miens lorsque je les lui remets. Normalement, comme les autres, je devrais toucher mon argent. Ici, je n'ai pas de dette à rembourser. Le jour de mon arrivée elle m'a seulement dit : « Monsieur Jo ne te repiquera jamais chez nous et puis avec mon homme il trouverait à qui parler. »

Le risque que j'ai pris en fuyant de chez lui, je sais qu'il existe et qu'il me coûterait très cher. J'ai l'habitude de travailler pour rien. Seulement ici il n'y a aucune raison qu'il en soit de même. Je n'ai plus de dette. Liliane était trop outrée par le comportement des autres, qu'elle traitait de voleurs, pour ne pas être honnête avec moi. Simplement, nous n'en avons pas encore parlé. Elle a d'autres choses en tête, et puis comme cela va de soi, elle ne pense pas à me rassurer. Je n'ai qu'à attendre, les choses se feront naturellement.

Pour son départ, Madame Baudet donne une petite fête d'adieu qui réunit auprès d'elle tous ses amis : des maquereaux, des policiers, des patrons de claques, de bars, rien que du beau monde. Elle offre le champagne et, dans cette soirée familiale, évoque ses souvenirs avec de grands gestes brusques : « Ah, mes enfants, ici j'ai connu le bon temps, celui où j'emmenais mes filles se baigner à la plage de la Goulette, se promener, visiter les ruines de Carthage... Seulement voilà, il y a eu des abus, des scandales, et on en est arrivé à interdire ces sorties. Maintenant, même pour aller chez le docteur, il faut une autorisation de ces messieurs (la police). Et puis Tunis n'est plus une ville tranquille, il y a des maquereaux arabes. Jamais je n'aurais cru voir ça !

Je m'ennuie, dans cette réunion « bien », où Liliane, présentée à tous, déploie ses charmes. Sous-mac, elle a ça dans la peau et quand je pense aux discours qu'elle tenait, je m'en étonne. Nous les femmes, nous faisons un peu office de « demoiselles de la maison ». Des demoiselles aux airs soumis de bonniches. Personne ne me parle et je rêvasse quand un bel homme, brun aux yeux noirs, me dit une phrase certainement quelconque mais qui me bouleverse : quelqu'un remarque mon existence !

« Prenez un peu de champagne.

– Merci, c'est déjà fait.

– Mais si, pour trinquer avec moi. »

Nous bavardons. Il m'apprend qu'il est corse et tient un bar dans le centre-ville. Je le regarde mieux, c'est un homme de quarante ans, des dents blanches, des mains magnifiques, grand, bien taillé, de lui se dégage une certaine force à la fois physique et morale.

Pourquoi me confie-t-il qu'il n'est pas proxénète mais qu'il les connaît tous ? Son bar n'est fréquenté que par les Corses. « Je suis en très bons termes avec eux et justement parce que je n'appartiens pas au milieu, qu'ils sont sûrs de mon objectivité, il m'arrive, dans certains litiges qui les opposent, de leur servir d'arbitre. »

Il dit tout cela très simplement comme s'il était indispensable que je sache qui il est. C'est la première fois qu'un homme ne déclenche pas chez moi un réflexe de crainte et de défiance. La soirée m'est devenue très agréable et lorsqu'il la quitte, j'ai l'impression de dire au revoir à un ami.

Ce qui n'est pas faux. Deux jours plus tard il vient me voir, paie tranquillement à la caisse, monte avec moi, s'assied sur mon lit et me dit :

« Repose-toi. Je suis venu pour bavarder. Je ne t'ai pas dit mon nom, je m'appelle Sylvio. »

Il revient plusieurs fois et, un soir, nous sommes allongés tous les deux côte à côte, doucement il me caresse les cheveux, me prend la main. Étonnée, je me sens en confiance avec un homme. Je me laisse faire. J'ose lui dire : « Tu sais, je suis bien. » Il me répond : « Moi aussi, je suis bien avec toi. »

Et pour ces simples mots j'ai la gorge serrée. Que puis-je lui apporter, lui donner, moi ?

Il faut que je lui dise que j'ai été dupée, forcée... et je lui raconte ce que ma vie a été. Je remonte jusqu'à mon enfance ; pour lui, je me veux nette, lavée. Mon récit ne le surprend pas. C'est un homme d'expérience, il sait, observe et parle peu. Ses phrases, lorsqu'elles s'adressent à moi, sont imprégnées d'un mélange de sagesse et de tendresse qui me bouleverse, jamais personne ne s'est intéressé à moi de cette façon.

« Écoute, me dit-il souvent, et je sais qu'il a raison, tu ne pourras pas continuer à tenir le coup toute seule. On n'a jamais vu une fille dans un bordel sans protecteur. Vois-tu, tout se sait ici, derrière mon bar j'en entends des choses... et on parle beaucoup de toi. On cherche à savoir qui est ton homme. Tu peux être achetée sans le savoir et...

– Liliane me préviendrait.

– Le crois-tu ?

– Oui, enfin il me semble.

– Si un mac te veut, il t'aura, et cela me ferait beaucoup de peine que tu finisses tes jours dans un Bushbir. Tu dois te dire que, dans ce pays, une femme n'est rien de plus qu'une marchandise. Dans les bordels, elles doivent être constamment renouvelées. Alors tu vas passer ta vie d'une maison à l'autre ? Et ce n'est pas ton maquereau, si tu finis par en avoir un, qui te retirera du tapin. Usée, tu seras encore assez bonne pour le Bushbir.

– Je sais tout cela, je ne cesse pas d'y penser mais je ne vois pas d'issue.

– Je vais t'aider. D'abord, je vais te prendre sous ma protection. Tant que je dirai que tu es ma femme tu seras à l'abri. Ensuite, il faut que tu touches ton argent. Avec moi dans le circuit, ils n'oseront pas le garder. J'en parlerai à ta patronne. L'argent t'est indispensable. Si tu veux être respectée, considérée comme un être humain, il te faut une position sociale, une famille, un métier. L'argent remplace tout ça. Pour l'instant tu n'es qu'une pauvre petite juive, même pas bourgeoise. En ce monde, l'argent n'a pas d'odeur ; même si tu le chies on te respectera. »

Sylvio parlait souvent par proverbes, par aphorismes, et j'ai toujours constaté leur grande justesse.

À cela, je n'avais rien à redire, tout était exact. C'est justement par rapport à l'argent que j'avais toujours été exploitée et j'étais bien obligée d'en prendre conscience, même chez Liliane.

« Non seulement, poursuit-il, tu dois avoir ton argent, mais tu dois le mettre de côté en cas de "coup dur". Je vais le prendre, parce qu'à moi on le donnera. Toi, tu ne l'auras jamais, il faut casser leur combine. Seulement ton argent, moi, je vais le mettre à ton nom sur un livret de Caisse d'épargne. Tu pourras le prendre quand tu voudras. »

Lorsque Liliane apprit par Sylvio que c'était à lui qu'on verserait la « comptée » elle me dit :

« Tu aurais pu m'en parler avant, avec Francis, nous t'avions trouvé quelqu'un de très bien. »

Le danger avait été plus proche que je ne l'avais cru.

Quelque chose de fort, de doux, est entré dans ma vie. Quelque chose que je n'attendais plus : l'amour. Un amour qui n'a rien à voir avec mes rêvasseries de gamine ou de prisonnière : une réalité. J'aime et je respecte Sylvio. Il est le premier homme pour lequel je suis une vraie femme. Il m'enseigne tout ce que j'ignorais, que je ne supposais même pas. Il m'apprend qu'un homme et une femme peuvent s'aimer, pleurer ensemble, souffrir ensemble, dormir ensemble…

Son existence commence à me faire croire à la chance. L'avoir rencontré dans cet endroit en est une, grande, inespérée. Il me fait un peu oublier les conditions de ma vie. Jamais nous ne parlons de ce métier, le mien. Je me détache de cette existence, de ce corps quotidiennement vendu. Je sais très bien qu'à en prendre trop conscience je pourrais en crever. Alors, je ne vis que pour les heures qui viennent après mon travail, les seules véritables, pour Sylvio, mon ami, mon frère, mon père, mon amant.

Pour moi, il est l'homme dont rêvent toutes les femmes, celui qui vous protège, vous donne ce sentiment de sécurité sans lequel tout paraît précaire. De lui, j'aimerais avoir un tas d'enfants qui lui ressembleraient. Nous en sommes loin ! Pourtant ce serait un père merveilleux, il a pour la famille un respect, un amour profonds. À travers ses mots son père m'apparaît comme un saint homme. Il a la même déférence pour sa mère, son frère François. En ce qui le concerne, j'aurais à juger combien son affection le trompait. Il ne les sépare pas, et c'est probablement la raison de son indulgence, de Propriano, ce petit village de pêcheurs où il est né. Cet attachement, cette sérénité me font comprendre l'importance des racines pour un être humain. Moi aussi je voudrais rêver d'un pays que je retrouverais un jour, d'un refuge où jamais je ne serais l'intruse mais la désirée. Un endroit dont la pensée me consolerait, où j'aimerais finir mes jours. Mais ce pays n'existe pas.

J'entends encore le *Chibani* à la source.

« Chaque matin qui se lève, disait le *Chibani*, voit Myriam prendre sa cruche. Elle va à la fontaine.

» En ce temps-là les familles vivaient éloignées les unes des autres, il n'y avait pas de grandes villes. Myriam vit seule dans sa petite maison avec son mari Jacob.

» Aucun enfant n'a béni leur union et Jacob se désespère maudissant le sort qui l'a lié à cette femme stérile, incapable de lui donner un fils.

» Chaque soir Myriam regarde le ciel et lui demande de la relever de sa disgrâce. Chaque soir Jacob l'accable de reproches.

» Courbée sous le joug d'un époux hargneux et méprisant, Myriam ne sait plus qu'invoquer. Et plus elle va à la fontaine, plus la tenaille le désir de ne plus rentrer à la maison, de fuir ce méchant mari.

» Dépourvue de toute tendresse, de tout amour, Myriam pleure. Mais qui en ce temps l'écouterait ? Et les années passent. Cependant, un jour, une vieille femme venue d'on ne sait où, s'approche de Myriam : "Qu'as-tu Myriam ? Pourquoi te lamentes-tu ainsi ?"

» – Ah ! c'est que je suis maudite. Dieu ne veut pas m'accorder de fils et Jacob me méprise. Mes journées se passent à la fontaine, puis à la maison où je prépare le repas, je pile le blé, je pétris le pain, je lave, je couds et le soir je dois subir les aigres reproches de Jacob. Pour pleurer, je ne dispose même pas d'un endroit tranquille.

» – Quand tu viendras à la fontaine, lui dit la vieille, confie-toi à la pierre que tu vois ici : elle t'écoutera et lorsque tu rentreras à la maison ce que te dira Jacob te sera moins pénible.

» La pierre entendait tous les jours les sanglots et les plaintes de Myriam qui se sentait moins seule.

» Les années passèrent. Myriam se voyant vieillir voulut parler une dernière fois à la pierre.

» "Je dois te remercier de m'avoir écoutée si patiemment pendant tant de temps."

» Prise soudain du désir de savoir ce qui se cachait à l'intérieur de la pierre, Myriam s'empara d'un gros caillou et la frappa si heureusement que la pierre se fendit en deux laissant échapper des milliers de vers.

» Et la pierre lui dit :

» "Tu vois Myriam, si tu ne m'avais pas parlé pendant toutes ces années de misère, ces vers qui grouillent là devant toi, seraient dans ton cœur. Va, rentre chez toi. Il est temps pour toi de penser à Jacob qui doit être fort à plaindre car il n'a même pas de pierre pour l'écouter et son cœur est rongé." »

Autour de *Chibani* les femmes, l'œil humide, hochaient la tête, balançaient leur corps disant : « Aïe, aïe, aïe, c'est bien vrai ça ! »

C'était un folklore, pouvait-il remplacer des racines ?

Je trouvais que ce conte rejoignait la paisible sagesse de Sylvio m'enseignant les choses et les gens, me guidant vers le chemin de la patience mais non de l'acceptation : « Tu dois savoir te tenir droite, cesser de courber l'échine. Apprendre à évaluer la valeur des autres, cela te permettra d'apprécier la tienne. Ne t'emmerde pas avec quelqu'un qui n'en vaut pas la peine. Ne te gaspille pas. La vie est courte et tu n'en as qu'une. En revanche, si tu rencontres une personne en qui tu peux avoir confiance, il y en a très peu, sois généreuse. Alors, ta générosité ne sera jamais perdue. »

Un soir, il est venu, portant un superbe poste de radio : « Tiens, tu pourras écouter de la musique, cela console de bien des choses. » Jamais encore je n'avais reçu de cadeau. C'était Sylvio qui le premier avait ce geste, j'étais heureuse qu'il en fût ainsi.

À côté de cet homme, j'avais la sensation de devenir une femme comme les autres. Mais serions-nous un jour un couple comme les autres ?

Tandis que je ne pense qu'à me rapprocher davantage de lui, les circonstances vont m'en éloigner. Je suis prise de douleurs atroces dans les ovaires, je marche pliée en deux, je ne supporte plus les rapports. Liliane s'inquiète et fait venir le médecin. On me fait une série de piqûres, elles me calment. Seulement le diagnostic est pessimiste : « Ce ne sera que temporaire, il faudra vous opérer un jour. Vos ovaires sont en très mauvais état. »

« Dans ces conditions, me dit Sylvio, tu ne peux pas rester ici. Tu ne dois plus travailler dans une maison d'abattage. J'ai été égoïste, je voulais te garder près de moi. Nous allons être séparés, je vais t'envoyer à Alger dans le plus célèbre des bordels, le Sphynx : là tu seras bien. Je viendrai t'y voir très souvent. Je vais en parler à Jeannot. »

Puisqu'il le veut. Je sais qu'il ne fait jamais rien qui ne soit dans mon intérêt.

Cependant plus tard, beaucoup plus tard, après sa mort, j'oserais enfin me poser des questions : jusqu'où a-t-il été bon pour moi ? jusqu'où m'a-t-il aidée ?

Pourquoi cet homme si généreux, si proche de moi ne m'a-t-il pas sortie de ces prisons ? Comment a-t-il pu accepter pour moi, comme une fatalité, les bordels ? Il n'a pas osé me prendre en charge complètement. En craignait-il les conséquences ?

Ne connaissant que trop bien le milieu, il me semble que je peux répondre. D'abord un homme qui approche une prostituée ne peut avoir les mêmes réactions qu'avec une autre femme. Ensuite, quand il appartient au milieu, l'orgueil de sa qualité d'« homme » le sépare totalement d'elle. Il sait aussi que tout ce qu'il fera vis-à-vis de cette femme sera jugé par la grande famille de ses pairs. Il y a des lois qu'il ne pourrait transgresser sans perdre sa qualité d'« homme ». Ainsi, jamais il ne retirera une femme du travail sans qu'elle n'ait payé de toute une vie de tapin cette récompense ultime. Retirer une femme d'un bordel, c'est un acte de micheton. Bien que Sylvio n'ait jamais été un maquereau, il n'en était pas moins considéré dans le milieu corse comme un « homme ». Peut-être avait-il peur qu'ils le prennent pour un cave ?

Toute une vie de femme gâchée à cause de ce sentiment, cette dépendance à un milieu... et cependant il restera le meilleur homme de toute mon existence.

De la vie que menait Sylvio à l'extérieur, de ses relations, je ne savais rien. D'une grande discrétion, ce qui le différenciait totalement des autres, jamais je ne l'avais entendu se vanter d'une relation, d'un pouvoir. En revanche, lorsqu'il affirmait quelque chose, on était forcé de le croire. Ainsi, puisqu'il m'avait dit : « Je te ferai entrer au Sphynx, chez Nana », pour moi la chose était sûre. Ce fut beaucoup moins simple que je ne l'avais imaginé.

Mon départ de la Perle d'Orient, même s'il a provoqué la colère de Liliane à laquelle j'échappais définitivement, n'a fait aucune difficulté.

Sylvio a naturellement tout organisé. À Alger je suis attendue par une de ses amies, Hélène, une femme d'une trentaine d'années, jolie, élégante, qui habite un appartement somptueux. Ce luxe, elle me dit qu'elle le doit à un vieil homme, très riche, qui l'entretient. Le soir même, pendant le dîner servi par ses domestiques, elle me raconte comment elle en est arrivée là : « Tu sais, moi je dis qu'il ne faut jamais désespérer. J'en suis un exemple : ma vie a plutôt mal débuté, le truc classique, je tombe sur un maquereau qui me met en maison à la Casbah. Un jour, dans cet endroit impossible, vient un homme plus très jeune, mais très chic. Avec lui, ça n'a pas traîné : "Tu ne peux pas rester ici. Si tu veux, je t'installe dans un appartement." C'est plutôt fabuleux, hein, comme histoire ! Alors j'ai dit oui. Il a payé mon amende et maintenant j'ai un compte en banque, une voiture, un appartement à Paris, une villa au bord de la mer, des bijoux, des fourrures. Et en plus, je vais te montrer quelque chose ; regarde ! »

Elle prend un petit sac de toile, l'ouvre, et fait glisser, sur la table basse, des petites pierres.

« Ce sont des diamants bruts. Mon ami est propriétaire de mines de diamant. Ils ne paient pas de mine mes petits cailloux. N'empêche qu'avec ça je suis parée pour l'avenir. »

C'est le genre d'histoire fabuleuse que les femmes en maison et toutes les tapineuses se racontent les soirs de cafard et les autres. Elles se donnent, pour faire vrai, des références de copines, dont on ne sait jamais si elles sont authentiques ni quelle est la part d'imaginaire. Pour l'amie de Sylvio, c'était vrai. Cependant je ne l'enviais pas, je n'avais pas besoin de tellement d'argent, je n'en rêvais pas, seulement de liberté… et j'allais chez Nana, au Sphynx d'Alger, l'établissement le plus réputé de toute l'Algérie.

Hélène avait conservé des amis dans le milieu et elle m'expliqua :

« Ici, Jeannot, c'est le caïd du milieu algérien, Nana l'écoute. D'ailleurs, si tu n'étais pas recommandée, ce ne serait pas la peine de te pointer. Pour entrer dans sa maison, les femmes se pressent. Seulement Nana a son caractère et il faut lui plaire. Tu as des références : présentée par Jeannot, femme de Sylvio. Elle ne veut que des femmes maquées à des hommes qui font le poids. Chez elle pas de coucheries à droite, à gauche, pas d'amants de cœur. Un seul homme, le tien ; gagneuse et de la mentalité, avec ça tu auras ta chance. »

Je n'ignorais pas complètement tout cela, la notoriété de Nana pénétrait dans les bordels, même en Tunisie. Ce n'en était que plus intimidant.

Ma première entrevue avec Nana fut courte. Personnage d'une cinquantaine d'années, énorme à tous points de vue, elle pesait dans les quatre-vingt-dix kilos, elle était imposante autant par son volume que par sa façon d'être, de vous scruter : deux yeux noirs de jais enfoncés dans la graisse, abondamment cernés de khôl. Blonde décolorée, elle semble affectionner le satin et les tissus brochés.

Dévisagée, évaluée, pesée en quelques secondes, je me sens dénudée. Puis, elle me dit : « En ce moment je n'ai pas de place. Mais, si tu veux, si tu es une travailleuse, tu peux attendre en rentrant au Sofa. Dès que je le pourrai, je te préviendrai. Tu viendras chez moi. Mais à une condition : tu ne diras jamais aux clients que tu viens d'un bordel pour Arabes. Ici, c'est strictement réservé aux Européens. Quel qu'il soit, un bicot ne franchit pas ce seuil. C'est compris ?

– Oui, madame. »

Sans argent, soumise à Sylvio que j'aimais, prisonnière de cette succession d'engrenages qui fait marcher tout le système des bordels, docilement comme le voulait Madame Nana, je suis entrée au Sofa situé à quelques mètres du Sphynx, en plein cœur de la Casbah, sans oser profiter d'un jour ou deux de liberté. Dans la rue j'avais peur d'être arrêtée. Je devais sans plus tarder faire connaître à la police mon lieu de destination.

Bien que l'abattage soit sa fonction essentielle, que les jetons continuent à être la monnaie employée, ici la passe est plus chère qu'à Tunis ou à Bône et, cette fois-ci, je la toucherai.

Le Sofa est la plus chic des maisons que j'ai connues jusqu'ici. Pour la première fois, j'ai une chambre convenable.

La patronne est semblable aux autres, aucune différence. Dès le soir venu, elle est rivée à sa caisse, considérant d'un œil sans bienveillance son troupeau. Pourtant, nous sommes de bonnes bêtes de rapport.

Dans la journée, c'est une sous-maîtresse qui dirige la maison. Allemande, elle parle le français avec un fort accent. L'œil bleu et mélancolique, elle n'a pas l'air heureuse d'être là, pourtant elle peut sortir tandis que nous, nous n'avons même pas de fenêtre. Quand je veux apercevoir un peu de ciel, je monte sur la terrasse, ce qui n'est permis que pour étendre son linge, et uniquement dans la journée ; la nuit toutes les issues sont closes, hermétiquement.

Un soir, il y a quinze jours que je suis là, la patronne me dit :

« Prépare tes affaires, demain matin je te conduirai chez Nana. J'en profiterai pour lui rendre visite. »

Je ne verrai même pas Madame, la sous-maîtresse m'attend. Mince, presque maigre dans sa robe noire au col blanc amidonné, comme ses manchettes et son tablier, Madame Mado a l'air d'une gouvernante un peu revêche. Ses cheveux gris sont sévèrement tirés en chignon bas sur sa nuque. D'une pudeur qu'un rien effarouche, elle a l'air d'une bonne sœur laïcisée ou d'appartenir à l'Armée du Salut. C'est d'une voix ferme et respectueuse qu'elle me donne lecture du règlement. On pourrait trouver le même dans un pensionnat. Seule l'activité change.

Règle principale : l'horaire du travail, de dix heures à deux heures du matin. Le droit de sortie (pour moi, une nouveauté), une fois par semaine, accompagnées, bien entendu, par la sous-maîtresse, pour faire nos achats ou aller chez le coiffeur – ce qui me paraît merveilleux, de ma vie je n'y ai mis les pieds.

Immédiatement, je comprends que Madame est le pivot central de cette maison : originaire d'Alger, veuve depuis peu, elle n'a plus comme famille que sa sœur, une obèse malveillante, tellement grosse qu'elle ne se déplace qu'avec l'aide d'une fatma qui la suit pas à pas. Elle passe son temps, et sa vie, à nous épier, fait part à Nana de tous nos manquements au règlement, surveille avec qui nous montons, s'installe dans les escaliers, nous obligeant à enjamber, sans ménagement, ses gros membres étalés. Elle crie, éclate en sanglots, se fait gronder par sa sœur, toutes choses qui nous mettent en joie. Jamais Madame ne nous adresse la parole, ni ne nous accorde un seul regard en dehors des besoins du « service ». Nous n'existons que comme des sortes d'esclaves soumises à ses ordres, des êtres d'une qualité inférieure et méprisables. Fort bête, elle éclate de rire grassement, sans raison apparente pour nous. Très fière de sa maison, d'en avoir fait un bordel *select*, elle affirme qu'il est connu jusqu'à Paris, ce qui est vrai. Paris, elle en rêve, je ne sais si elle y est déjà allée, mais il suffit qu'on lui dise qu'on en vient pour qu'elle se rengorge comme un dindon, comme si un peu de cette gloire rejaillissait sur elle.

Cependant, sa maison, bâtie sans goût autour d'un patio à la mauresque, manque totalement de ce style parisien dont elle vante l'élégance. Les chambres entourent une salle assez grande, ornée de miroirs. Des banquettes de velours courent le long des murs, devant lesquelles, comme dans n'importe quel café, s'alignent tables et chaises. Mais l'apothéose du mauvais goût de Nana éclate au-dessus du bar. Un sphynx en carton-pâte doré, de deux mètres de long, accueille le visiteur surpris. C'est suffoquant et c'est dans ce décor, hideux à souhait, que les clients viennent passer leurs soirées.

Chez Madame Nana on ne pratique pas l'abattage, mais une autre forme de prostitution. On appartient au décor avec lequel on fait corps, auquel on est soudées, tout comme à la patronne qui est notre mère à toutes. Ne sommes-nous pas « ses filles » ? Son petit œil d'oiseau fardé de noir, du fond de son coussin de graisse, ne nous perd jamais de vue.

Le fonctionnement interne de la maison est assuré par un jeune serveur qui prend son service dès le matin. Il habite avec nous sans risque, car il a été choisi pour son homosexualité. Rien ne doit pouvoir troubler la marche de la maison. C'est lui qui nous sert une sorte de limonade colorée au thé, lorsque le client commande le champagne que nous sommes chargées de lui faire consommer. Les filles de Nana ne boivent pas, une femme ivre nuirait à la bonne renommée de sa maison.

Le reste du personnel est constitué d'une femme de ménage mauresque et d'une cuisinière. Ces frais sont couverts par notre « pension », chambre, nourriture, prélevée toutes les semaines sur nos passes dont nous ne touchons que la moitié, à charge pour nous d'envoyer la comptée à nos « hommes ».

Nos journées sont invariables : les matinées, les après-midi se déroulent calmement sous l'œil austère de Madame Mado. Le soir, avant l'affluence des clients, nous nous asseyons toutes autour d'une table, certaines discutent entre elles. Madame est déjà à sa place, assise derrière le bar. À petits gestes réguliers, elle s'évente avec son éventail minuscule, nous épiant du coin de l'œil. Pour lui échapper, je me fais toute petite derrière une des filles. Au bout d'un moment, sûre de mon abri, je somnole, sans bouger, et je reçois une éponge sur la tête ! J'ouvre les yeux pour rencontrer le regard froid de Madame fixé sur moi. Elle continue à s'éventer tandis que je marmonne contre elle. « Cause toujours ! » me répondent ses yeux.

La maison ne commence à s'animer que vers dix heures du soir, l'heure où les Algérois sortent de chez eux, laissant les femmes à la maison. Alger est une ville d'hommes comme l'Algérie est un pays d'hommes. Les femmes attendent à la maison avec les enfants, pendant qu'ils vont au bordel. De la sorte les choses sont à leur place. Ces hommes, Madame Nana les connaît tous, ce sont les enfants du pays, elle en a connu certains, jeunes, voire enfants, et plus d'un s'en vante : avoir sauté sur les genoux de Nana ou avoir été dépucelé chez elle est un privilège dont on s'honore.

Le mari de Madame, de son vivant, a été quelqu'un de connu, d'influent dans le monde des sports. Il a même financé dans le Tour de France des primes très recherchées pour des coureurs cyclistes ; le couple était célèbre et les champions continuent à venir rendre visite à Nana. Ils font partie de « ses petits ». Elle ne manque pas d'enfants adoptifs ! Plus d'un lui doit d'avoir pu continuer ses études. Elle est si bonne, si généreuse. Une vraie dame patronnesse. Ainsi, c'est un de ses jeunes protégés qui est notre médecin. Il s'occupe de notre état général. La « visite » hebdomadaire est faite à domicile par le médecin du dispensaire. Pour Madame Nana, on se déplace, ses filles ne sauraient souffrir la promiscuité des autres femmes.

Bien entendu, parmi ses chers enfants, il y a quelques membres de la police. Ils viennent boire un verre, monter avec une fille. Comme partout, la collusion de la police et des patrons de bordel est parfaite.

Estimée, respectée pour ses bontés, Madame Nana règne. L'argent n'a vraiment pas d'odeur et sa provenance ne choque personne. Elle jouit d'une telle renommée que nous prenons garde de ne pas en dire du mal, ses clients lui répètent tous nos propos.

Pour elle, il n'y a qu'une seule politique commerciale : le client doit être satisfait. Sain principe. Seulement ses chers clients le savent et en abusent. C'est nous qui en faisons les frais.

Elle se vautre dans cette considération, dans ce respect tendre qu'elle inspire, n'est-elle pas la « Mama » des hommes d'Alger ?

Pour nous, elle en est la caricature et nous sommes plus portées à détester cette femme mesquine, médiocre et autoritaire, qu'à l'admirer.

Dans sa chambre, où nous venons toucher le paiement de nos jetons, nous avons tout le loisir d'admirer, au-dessus de son lit, son crucifix d'ébène et d'ivoire, entouré d'un chapelet de nacre et d'argent, celui de sa première communion. Comment douter que, pour tant de loyaux services, son Dieu ne lui dispense ses grâces ?

Ma chambre, presque luxueuse, comporte une armoire et un lit d'acajou et, confort suprême, un cabinet de toilette isolé de la pièce par un rideau. C'est éclairé correctement mais toujours dépourvu d'ouverture sur l'extérieur. La loi s'y oppose. Les maisons closes portent bien leur nom.

Ici, je ne suis pas soumise à une cadence épuisante ; le métier est moins dur mais il demeure le même. Je crois que je ne m'y ferai jamais. Comme toujours, je suis la plus jeune et mes compagnes me dispensent leurs conseils : « Surtout ne te laisse pas trop faire. Tu manques encore d'expérience, mais les clients n'ont pas tous les droits comme Nana veut nous le faire croire. Si tu es trop consentante, pour n'importe quoi, tu gâches le métier. »

Je les remercie. Qu'elles se rassurent, je n'ai pas besoin de leurs recommandations. Plus ou moins consciemment je me sers de ma jeunesse, j'ose dire aux clients : « Tu sais, il n'y a pas longtemps que je fais ce métier, alors, sois gentil, ne me demande pas grand-chose... je ne saurais pas... »

Je les ai probablement attendris car aucun ne s'en est plaint à Nana.

Ce que je déteste le plus, dans cette maison, c'est le choix. Les clients qui désirent ne pas être vus ne passent pas en salle, ils empruntent un couloir conduisant directement au salon et c'est Madame Mado qui, tapotant dans ses mains, nous dit rituellement : « Au choix, mesdames... » et, toutes ensemble, nous allons au salon. Là, debout, le client nous dévisage et du doigt indique celle qu'il choisit. Certaines des filles prennent des attitudes provocantes, découvrent une jambe très haut, un sein... cela leur vaut sans doute d'être désignées par un timide. Moi, je n'entre pas dans la compétition. Je me dissimule le plus possible derrière les autres, adoptant mon air le plus niais. Ce qui n'échappe pas à Madame Mado. Elle me réprimande l'œil sévère, le col haut : « Te rends-tu compte de ce que ton attitude a de méprisant pour le client ? »

Je balbutie des excuses, assure que ce n'est pas volontaire. La sous-maîtresse s'en contente tout en m'affirmant que si je recommence elle préviendra Madame.

Elle n'en fit jamais rien.

Les jours s'égrènent les uns après les autres. Sylvio me manque. Sa voix, ses paroles chaudes, sa sagesse, ses mains longues et fines, leur contact fort et doux. Il n'est pas encore venu me voir et je m'inquiète. Plusieurs fois, avant mon départ, il s'était plaint d'uriner du sang, mais malgré mon insistance il ne s'était pas résolu à consulter un médecin. Je lui écris. Lui me fait parvenir de ses nouvelles par un copain qui m'affirme qu'il va bientôt venir, et mon impatience grandit de jour en jour.

La monotonie est rompue par une histoire folle, un véritable conte de fées.

Les clients, toujours bien informés de tous les événements de la ville, nous apprennent qu'un chanteur noir, très célèbre, a débarqué ce matin même avec tout son orchestre. Ils sont descendus du train en jouant, toute la gare dansait. À l'heure actuelle, ils continuent, traversent la ville, et se dirigent vers la Casbah. À peine la nouvelle nous parvient-elle qu'au loin nous entendons leur musique, nous nous précipitons sur notre terrasse, nous poussant pour tenter de les apercevoir. Ils jouent du jazz. Un jazz merveilleux qui me transporte. Je scrute le dédale des ruelles. Voilà les musiciens, je les vois. Ils gravissent les marches usées, ils viennent par ici, les *yaouleds* – les enfants des rues – courent derrière eux, criant, sautant. Une foule bariolée de gosses, de femmes voilées, d'hommes, s'écarte sur leur passage, pour les suivre en dansant, claquant des doigts, battant des mains. Dans la ruelle, les cuivres scintillent dans les taches de lumière. Ce délire de joie, cette folie de musique a envahi la Casbah et, possédée par elle, sur ma terrasse, je tourne, tape des mains, danse moi aussi... Me penchant à nouveau, je vois leur troupe s'engouffrer, toujours jouant, dans le Sofa. Pour une fois j'aurais aimé être là. Ils y restent peu de temps, presque aussitôt ils en ressortent ; à leur tête, près du chanteur se tient Hilda la sous-maîtresse allemande, celle qui était toujours si mélancolique. Et le cortège dans la même explosion de sons s'en va comme il est venu, dans l'allégresse.

Le soir, les clients de Nana ne parlent que de ça, c'est l'événement de la journée. C'est en Allemagne pendant la guerre que le chanteur a connu Hilda. Ils se sont aimés et il lui a fait la promesse, la guerre terminée, où qu'elle fût, de venir la chercher avec son orchestre et de l'épouser. C'est à cela que nous avons assisté.

Nous, les filles, nous rêvons : sortir d'un bordel en chantant au bras de l'homme qu'on aime. Il y a de quoi vous faire délirer.

Hilda était sortie du bordel. D'autres, quelquefois, ne pouvaient y entrer. Un jour, Manu, à l'époque le plus grand mac d'Alger, fit irruption dans la salle du Sphynx, menaçant de tout casser. Il paraissait vraiment furieux, on ne l'avait jamais vu dans cet état-là. Nana l'entraîna hors de la salle pour le calmer. Ce n'est que bien plus tard que nous avons appris l'objet de sa colère.

La veille, une nouvelle venue était arrivée dans la maison. Personne ne la connaissait, personne ne savait d'où elle venait. On ne sait comment Manu avait appris son admission, mais il la connaissait bien la nouvelle, c'était sa nièce. La propre nièce de M. Manu dans un bordel !

Comme la plupart d'entre nous, elle était tombée dans le piège que lui avait tendu un maquereau. Savait-il qui elle était ? Elle avait ensuite atterri au Sphynx. Nous n'avons pas pu en savoir plus sur elle, nous n'en eûmes pas le temps. Après qu'elle eut reçu une énorme tannée, son oncle lui fit quitter le Sphynx. Quant au maquereau qui avait commis cette horrible erreur, il n'a pu que lui arriver quelques désagréments.

Pour les macs et tous les gens de ce milieu, toutes les femmes sont des putains potentielles sauf celles de leur famille. Mère et sœurs sont sacrées. Aussi, quelquefois, la famille, ça peut aider à ne pas être putain.

Enfin, j'ai des nouvelles de Sylvio un peu plus explicites, mais elles ne sont pas bonnes. Il est malade. C'est son frère François, que je ne connais pas, qui m'écrit. Sa famille l'emmène à Paris consulter un spécialiste, on redoute une maladie incurable. J'ai peur. Sylvio est mon seul bien. Sans lui je ne peux envisager la vie. Maintenant François m'écrit régulièrement : son frère a été hospitalisé, les soins vont être longs et coûteux, il a quitté la Corse pour rester auprès de Sylvio et il me fait comprendre que mon devoir est de l'aider. Je n'hésite pas, je vide d'abord mon compte à la Caisse d'épargne, puis lui envoie régulièrement ce que je gagne.

Un matin, le facteur m'apporte la nouvelle : Sylvio est mort.

Rien, personne, jamais, ne pourra m'en consoler.

Désormais, je suis à nouveau en danger. Dans le milieu algérois la nouvelle se répand rapidement. Pleines d'expérience, mes compagnes me disent : « Prépare-toi à recevoir des consolateurs. On va voir débarquer tous ces beaux messieurs pour réconforter la "veuve". »

Madame Nana, comme à son habitude, ne se perd pas en discours :

« Fais attention, si tu te "maries" choisis bien. Dis-moi d'abord avec qui. Je verrai alors si je peux te garder. Je ne veux pas d'histoires ici. »

Je n'aurai pas à chercher la solution : à peine Sylvio est-il mort que François vient me rendre visite. Sans excès de délicatesse, il m'affirme que son frère lui a demandé, s'il lui arrivait malheur, de s'occuper de moi. Je n'en crois pas un mot, surtout quand il me propose de me maquer.

« Alors voilà, je suis venu remplacer Sylvio » ; il ajoute, par courtoisie sournoise : « si tu es d'accord ».

Le remplacer, j'ai tout de suite apprécié la différence : l'un était la bonté, la générosité, l'autre n'est qu'un maquereau.

Je suis encore très jeune mais je ne suis plus dupe. Lui ou un autre ! Seulement comme ma position n'est pas trop mauvaise, je pose mes conditions : « D'accord, tu me protèges, je te verse ce que je gagne. Mais nos relations s'arrêtent là, je ne veux pas coucher avec toi. »

Visiblement il s'en fout, seul ce que je peux rapporter l'intéresse.

Enfin, je lui précise : « Je ne veux plus rester ici, je veux aller à Paris. »

Il s'étonne : « Mais tu sais comment ça se passe là-bas ? Pas de bordels, ils sont tous fermés. Pas de sécurité.

– Oui, les femmes sont sur le trottoir, il y a des quartiers bien délimités, des hôtels de passe. Dans les bons quartiers, les femmes peuvent se permettre d'être chères, ça peut rapporter gros. »

Je sais tout cela par les clients, j'en rajoute un peu, enjolive le tableau pour l'appâter.

« D'accord, je te donne l'argent du billet d'avion et un peu de fric pour les premiers jours. Tu iras tout de suite voir mes cousins qui tiennent un bar à Pigalle. Tu leur diras que tu es ma "femme" et ils te mettront au parfum. Quant à la "comptée" tu me l'enverras à la poste restante d'Ajaccio. Moi, Paris, tu sais... et n'oublie pas de changer de bureau de poste afin de ne pas te faire repérer. »

C'était fini. Pour la première fois, j'étais réellement maquée, mais je quittais le pays des bordels. J'allais, comme tout le monde, respirer l'air de l'extérieur. La vie derrière les murs, c'était terminé pour moi.

Curieusement, sans doute parce que j'étais ignorante, je ne redoutais pas la rue, elle m'apparaissait comme un début de liberté.

# DEUXIÈME PARTIE

# 8

C'est l'été, je laisse derrière moi une cité blanche, Alger. Adieu Algérie, pays aimé. Il m'est devenu si cruel que je le quitte allègrement.

J'atterris dans une ville dont je connais très peu de chose, et où je vais aller à la rencontre de mon enfance. Déjà mon passé de femme est lourd, mais je suis sans inquiétude, heureuse. Aujourd'hui, Paris, pour moi, représente l'avenir. Et j'y crois. J'y crois terriblement.

Je ne dispose pas de beaucoup de temps, il va falloir que je travaille rapidement, mais je veux être tout le monde, ce n'importe qui, qui peut s'asseoir dans un restaurant, flâner en autobus, déambuler, sans but précis, dans ces rues, ces avenues qui me paraissent grandes et belles.

Je souris à cette ville, à ces gens pour lesquels je suis merveilleusement anonyme. En début d'après-midi, après avoir déjeuné dans un snack, je vais me promener dans le quartier que j'habitais à la mort de ma mère. Rien n'a changé ; notre immeuble, toujours aussi vétuste, laisse béer ses lézardes. Dans la même rue, tante Aïcha habite dans un vieil hôtel avec Jacob. Je vais la voir. Une tendresse douloureuse me pousse dans ses bras, elle est devenue une femme vieillie, usée.

Passée sa joie de me retrouver, elle se lamente : « Ma pauvre fille, ici la vie n'est pas facile. On doit se lever très tôt le matin, dans le froid, la pluie, pour gagner une misère, juste de quoi ne pas crever de faim. » Elle vend des légumes rue Saint-Denis. « Tu devrais aller voir ta sœur Esther, elle habite Paris avec ses deux enfants. »

Et j'y vais. Nous n'avions jamais eu beaucoup d'affinités ; notre entrevue fut plutôt froide. Il est vrai qu'il y avait si longtemps que nous nous étions quittées... Esther me raconte ses difficultés, ses soucis, la dureté du travail en usine, les enfants mis en pension qu'elle ne voit que les dimanches. Elle parle à coups de phrases courtes, désabusées, lasses : « Fernand, l'homme avec lequel je vivais, est devenu alcoolique. J'ai été obligée de le mettre dehors, ce n'était plus possible avec mes gosses. J'ai trouvé du travail, il consiste à peindre des boutons d'appareils de radio avec une peinture toxique ; malgré le lait que je bois, elle s'infiltre dans mon sang, dans mes poumons. Chaque fois que je passe la visite médicale, on me change de service. Quand je vais mieux on me réintègre à ma place et tout recommence. »

Je l'écoute, c'est triste. Esther souffre de tout, de l'injustice des patrons, de l'ambiance de l'usine, des cadences qui l'épuisent. Elle semble prendre plaisir à se confier et me devient, me semble-t-il, plus proche. Un courant a dû passer et soudain elle me propose : « Pourquoi tu n'habiterais pas ici ? J'ai de la place. » Vivre en famille, je l'ai tant désiré. Avoir un port d'attache, moi l'errante. J'accepte. Cela durera six mois.

Le lendemain, changement de famille. Je vais voir les cousins de Sylvio et de François dans leur bar de Pigalle. Je suis bien reçue : la « femme » de François, c'est une cousine. « Tu peux venir tant que tu veux. Mais Pigalle ce n'est pas ton coin. Tu n'auras jamais le genre d'ici. Toi, c'est la Madeleine, tu as un air convenable qui plaira. » Ils m'offrent à boire, on parle un peu boulot. Je ne m'y trompe pas, eux sont vraiment du milieu.

Moins je les verrai, mieux ça sera. Je les sens prêts à me surveiller, ils confondraient facilement aide et mouchardage auprès de François. « Tu sais, entre nous on se soutient, alors maintenant que t'es de la famille n'hésite pas à venir nous parler de tes problèmes. »

Je ne me sentais pas de la famille.

Cette période de ma vie va être répétitive, monotone : la rue, les clients, la police, les copines, les bars... et au dernier maillon de la chaîne on reprend le premier : la rue... les clients... la police...

Je me promène dans Paris, je regarde les vitrines du côté de l'Opéra ; j'ai l'air désœuvré, je le suis, cependant ma promenade vers la Madeleine a un but. Près de moi, à quelques mètres, des femmes arpentent le trottoir. Je regarde leur manège : elles s'approchent d'un homme seul, lui parlent, tous ne les suivent pas. Parfois, avant de s'engouffrer dans un hôtel, ils discutent ; je comprends qu'il s'agit de prix, peut-être des exigences du client. Puis au bout d'une demi-heure, la fille ressort de l'hôtel. Je n'ose pas marcher derrière elle, je ne sais pas comment m'y prendre, je n'ai aucune audace. Alors j'entre dans un bar, commande n'importe quoi et j'attends. Un homme me dévisage, s'approche de moi, me frôle le bras, me fait signe des yeux de le suivre. Il m'emmène à l'hôtel, nous n'avons pratiquement pas échangé une phrase et quand il me paie je trouve la somme fabuleuse. Plus inouï encore, son comportement : nous sortons ensemble et, sur le trottoir, il me baise le bout des doigts, me demande mon nom, me dit qu'il reviendra me voir...

Est-ce toujours ainsi à Paris ?

Je me rends compte que le bar n'est pas une solution. Si je veux faire une journée convenable je dois agir comme les autres.

L'hôtel se situe rue Caumartin. Quelques filles, trois ou quatre, se tiennent à proximité ; je tente de me joindre à elles, je n'y reste pas trois minutes. L'une d'entre elles s'approche de moi :

« Tu peux pas rester ici, il faut que tu marches. Tu peux aller à l'hôtel si tu veux. Mais dès que tu as fini ton client, tu retournes sur les boulevards. Compris ? »

Oui, elles défendent leur territoire. Pas d'intruse, de gibier nouveau, d'autant qu'auprès d'elles on me remarque. Elles sont fardées outrageusement, vêtues de façon excentrique, robes courtes fendues jusqu'à la cuisse, talons aiguilles, fourrures, bijoux voyants, cheveux de couleur provocante : blond jaune, abricot, roux flamme, noir-bleu. Avec ma petite jupe et mon pull-over bien sage, je détonne dans le tableau, je dois avoir l'air de faire des extras.

Comme elles me l'ont recommandé, je retourne sur les boulevards. Aucune envie d'entrer en conflit avec elles. Je piétine dans la cohue, me mêle à la foule, cela me donne une impression de liberté qui me grise un peu. J'ignore encore que la rue peut, elle aussi, vous emprisonner. Je suis plutôt bien, heureuse de ne rien faire. Pas plus ici qu'au bordel, je n'ai la mentalité d'une gagneuse. Seulement, je dois travailler. François attend son argent. Si je ne lui en envoie pas suffisamment, il rappliquera et je ne veux pas le voir. Il faut aussi que je mange, que je m'habille. Le soir, chez ma sœur, je change de peau, je rentre dans ma famille ; c'est surtout ce que je me raconte, le but que je me donne. Esther n'est pas d'un tempérament chaleureux, elle est dévorée par ses soucis. Je l'écoute sans savoir si je lui fais vraiment du bien, ou si elle n'en devient que plus amère.

Même en travaillant mal, je gagne plus d'argent qu'elle, alors je devrais les gâter, elle et mes neveux. Seulement par moments, je la sens prête à réclamer cela comme un dû, j'ai l'impression que mon aisance lui porte ombrage : je ne me crève pas au travail, moi ! ça tombe facilement !

De l'argent facile, pas tellement.

Les jours, les semaines passent et je n'ose toujours pas dévisager les hommes, leur faire comprendre, les racoler. Je reste effacée tout en continuant à me prostituer.

Souvent ce sont eux, bons chiens de chasse, qui me repèrent, me rattrapent, me disent : « Alors qu'est-ce que tu attends, tu viens ? »

Les filles se sont habituées à ma présence. Elles ne me parlent pas, me tiennent à l'écart ; bien que je ne leur paraisse pas très dangereuse, je manque de fards, de fourrures, de clinquant, je reste à surveiller. Cependant, un après-midi, en sortant de l'hôtel, une grande blonde me demande :

« Comment tu fais pour la visite ? Tu la passes où ?

– Justement, je ne sais pas.

– Ben dis donc, t'es pas avancée pour ton âge. C'est dangereux, ça. Si tu chopes une saloperie ce sera pour ta pomme. Va voir le Dr R… de ma part, il est bien.

– Tu vas chez lui ?

– Non, pas nous. Nous, on est en carte et on est obligées de passer la visite toutes les semaines. Tu sais, ça t'arrivera ! il suffit de te faire emballer et le troisième coup, c'est le bon, ils te filent la carte. »

Me faire emballer, être en carte, autant de pièges que je redoute. Malgré ma prudence, ma discrétion, je suis, sans le savoir, repérée depuis longtemps. Bien que je parle peu, que je me lie difficilement avec les filles, on finit par échanger quelques mots, les pauses dans les cafés y incitent. Ce serait une erreur de croire que tous les bars sont accueillants. Là aussi, j'ai fait mes classes. N'importe quel patron sert n'importe quel homme mais ne sert pas les putains. Heureusement, nous avons nos bars, je m'y suis glissée avant d'y être admise.

Autour d'un verre, un des principaux sujets de conversation des filles après les clients, c'est la police. En les écoutant, j'apprends beaucoup. Ils font tellement partie de leur vie ces inspecteurs, qu'elles les connaissent tous et les dotent de surnoms. On aime cela dans le milieu. Il y a « Beau Sourire », toujours avenant, un brin charmeur, et « Grand-Père », plein de zèle : il a repris du service après sa retraite, aucune clémence à attendre de ses cheveux blancs. « Les Grandes Guiboles », un mec capable de battre Zatopek à la course, « Le Tigre », il bondit sur nous avant qu'on ait le temps de souffler, un vrai fauve, qui ne fait pas de sentiment. D'ailleurs aucun n'en fait.

J'écoute, je regarde autour de moi, j'essaie de les repérer. L'ennui c'est que, lorsque je les vois, je suis déjà dans leur collimateur. C'est en marchant sans cesse que j'ai réussi à leur échapper jusqu'à ce jour.

Je sors de l'hôtel, je suis seule. Si j'étais à côté d'un homme censé m'accompagner, ils n'auraient pas le droit de m'approcher. Par sa seule présence, je serais protégée. En quittant le seuil de l'hôtel, je regarde autour de moi, machinalement. Tapi derrière une voiture, « Le Tigre » me guette. Il a choisi son heure, elle est arrivée. Je n'ai pas le temps de me remettre à marcher qu'il bondit sur moi. J'apprendrai qu'il m'a guettée pendant des heures. J'aurais pu le deviner à sa mine joyeuse, celle d'un chasseur qui a fait une bonne prise.

« Suis-moi, sans faire d'histoires. »

En marchant à ma hauteur, il se vante de son exploit :

« Il y a longtemps que je t'ai repérée avec ton air bien convenable. Je me disais, celle-là, elle est pour moi. Toi, ma fille, tu vas voir quand « Le Tigre » te sautera dessus (ils n'ignorent pas leurs surnoms, parfois ils en sont fiers). Vois-tu, moi je prends mon temps, je suis pas pressé. Mais quand j'en ai une, je ne la laisse pas filer. C'est foutu pour elle. »

C'est bien vrai. Au poste de police, il me fait entrer dans une sorte de cage érigée dans un coin de la pièce : la « cage aux poules ». Deux prostituées y jouent aux cartes avec un marchand de photos porno et un camelot qui vendait à la sauvette. Ces deux-là vont rester enfermés cinq heures. Ensuite, la marchandise saisie, ils seront relâchés. Pour les filles, ça dépend ; si elles ne sont pas en règle, on les expédie à Saint-Lazare pour la visite.

J'attends. J'ai donné mon extrait de naissance, ma seule pièce d'identité.

« Faudra changer ça. Avoir une carte d'identité comme tout le monde. »

Je suis assez confiante, ils ne peuvent rien contre moi, c'est la première fois qu'on m'embarque. Je ne sais combien de temps a passé quand Le Tigre revient tout joyeux.

« Alors, on joue les clandestines, on ne s'occupe pas d'être en règle. Seulement, nous, les filles comme toi, on les retrouve toujours. Tu as ta fiche anthropométrique au sommier. Comme ça, tu viens d'un bordel d'Algérie... T'es bonne pour Saint-Lazare et la suite. »

La suite, c'est la carte. Marquée comme du bétail.

Après minuit, on nous fait grimper dans un car vétuste, sale. Le produit d'une rafle nous rejoint. Cinquante filles pour vingt-cinq places s'engouffrent dans cette ferraille roulante qui nous emmène à Saint-Lazare.

Le dispensaire de Saint-Lazare est tenu par des religieuses ; elles ont là une occasion d'utiliser leur charité, elles ont l'âme et la douceur angélique des matonnes [1]. Pour les femmes, Saint-Lazare reste un nom redouté. C'est l'ancien hôpital, l'ancienne prison des miséreuses de toutes sortes. De là partaient enchaînées les prostituées pour l'Amérique. C'est un lieu sinistre où rien n'a changé. On pourrait même se demander s'il a jamais été repeint. Il a conservé sa crasse du XVIIIe siècle. Les lits, des grabats, sont repoussants de malpropreté ; des matelas de l'épaisseur de la main, écrasés par tous ces corps de femmes successifs, ces corps fatigués, malades, parfois mourants.

On nous parque là, une manière de nous ravaler, de nous démoraliser. Un affreux mélange de belles, de moches, de jeunes, de vieilles, de luxueuses, de paumées, de clochardes, de malades. Dans la pièce, c'est un bouillonnement d'odeurs : la sueur, la vinasse, se mêlent aux bouffées de Dior, de Guerlain, au relent de l'amour vite fait, mal lavé.

Au réveil, chacune d'entre nous, dans la lumière crue qui traverse les vitres grises de saleté, est confrontée à sa propre image renvoyée par le spectacle des autres. Le miroir qui nous reflète est vivant. Si nous sommes jeunes et belles, devant nous, nous pouvons voir ce que nous serons à tous les âges de notre vie, dans cinq, dix ou trente ans. À quoi nous sert de détourner le regard, d'éviter de contempler ces lèvres ridées, décolorées par tant de baisers donnés sans amour, ces poches sous des yeux fatigués d'avoir veillé sans joie ? Ces ongles écarlates fardent des mains qui depuis longtemps ne savent plus se tendre. Autour de nous ce ne sont que corps abandonnés, relâchés. Il y a bien longtemps ils dansaient pleins de joie, offerts pour attiser le désir d'un homme.

Tous ceux qui parlent si joliment en vers ou en prose des putains devraient venir confronter leur vision à la réalité d'un petit matin à la prison, identique à celle que décrivait Louise Michel.

Dans cette horreur, les sœurs nous distribuent cachets et piqûres. La visite médicale a lieu chaque matin, elle est à peine moins sordide qu'en Algérie.

Lorsque je sors de Saint-Lazare, ma tranquillité est terminée. Maintenant, les inspecteurs des mœurs me connaissent ; ils ont des droits sur moi, ils n'ont qu'à m'apercevoir pour m'embarquer.

Quelquefois j'ai à peine le temps d'être dans la rue que déjà je me retrouve dans la « cage aux poules ». Le car, Saint-Lazare... cela manque de diversité. Parfois, je parviens à travailler plusieurs jours de suite. J'apprends toutes sortes de ruses pour m'échapper. Courir très vite, gagner les boulevards, se perdre dans la foule, entrer dans un immeuble, monter jusqu'au dernier étage, s'enfermer dans les W.-C. du sixième. Marcher à côté d'un homme comme si c'était un client. C'est à cette époque que les filles commencent à vraiment m'adopter : elles me préviennent que les poulets sont là. Je le vois à leur démarche plus rapide, en passant elles me jettent : « Tire-toi ! »

Parfois les inspecteurs ne se contentent pas de nous coller cinq heures de ballon, on passe en justice : « Cinquante francs d'amende ou huit jours de prison ferme. Au suivant... » À cette époque, à mes débuts, les amendes, bien que fréquentes, ne pleuvaient pas vraiment, ce sera pour plus tard. Nous apprendrons alors ce que peut être une répression policière bien conduite.

Régulièrement, toutes les semaines, je vais voir les « cousins » de Pigalle. Un petit verre, et je remets la « comptée » hebdomadaire ; ils se chargent de la faire parvenir à François. Discrets, ils se contentent d'apprécier, d'un coup d'œil, la somme. Compliments ou critiques, ils les gardent pour eux et cela vaut mieux ainsi. Car je pense que c'est idiot de donner de l'argent à un homme pour lequel je n'ai aucune estime, plutôt du mépris, et qu'il est révoltant de se prostituer pour lui.

Tant que je ne serai pas débarrassée de François, je ne pourrai rien faire. Je déteste ce métier, mais comment en sortir ? De quelque côté que je me tourne je ne trouve que des portes closes. La société honorable, la normale, celle qui vous procure du travail, je ne peux pas m'y introduire, je ne peux même pas imaginer y glisser le bout du pied.

Comme toutes les autres filles, je me sens maintenant dans une marginalité sans issue.

Depuis que je suis à Paris j'ai cherché à plusieurs reprises un organisme de secours aux femmes en détresse, je n'ai rien trouvé. Aucune organisation, association, ne prend en charge la réinsertion des prostituées dans la société. Cela existe sans doute en paroles dans les salons où l'on tient des discours largement humanitaires et sans préjugés. Mais à notre échelon, rien. Trouver un autre travail ? Mais comment ? Et quoi ? Je n'ai pas d'instruction, je sais seulement lire et écrire. Sans un homme, je ne suis qu'une proie. Alors, comme les autres copines, je rêvasse : un client qui vous sort de là, vous épouse, un homme qui vous aime suffisamment pour cela, une belle histoire en somme. Avoir sa chance...

Je n'apprécie pas les clients d'ici, bien que leurs manières soient généralement agréables. En Algérie tout était très différent. D'abord, on passait moins de temps avec eux, il était compté. Parfois, ils arrivaient tellement excités que l'orgasme se produisait avant même qu'ils vous touchent.

À Paris, les rapports sexuels entre les clients et les prostituées sont tout autres. La Madeleine est un quartier chic, la clientèle s'en ressent, et plus les clients sont distingués, plus leurs fantasmes sont délirants. Il est probable qu'en Algérie, ils en avaient aussi, les mêmes peut-être, mais ils les satisfaisaient en imagination. L'acte restait simple : écarter les jambes, se laisser pénétrer, se laver, tout cela très souvent sans un mot. Ils n'osaient rien nous demander, seul notre corps participait. Ici, non seulement le corps est sollicité, mais l'esprit, l'imagination. Nous devons répondre à toutes sortes de désirs sadomasochistes et pervers.

Elle existe la peur de la putain : la peur de se faire assassiner par un homme venu en client. Et ça ne compte pas beaucoup un cadavre de prostituée, les oraisons funèbres sont vite faites ; une de moins !

Des clients et de leurs fantasmes, on en discute entre nous à l'heure de la pause, au café ; ça nous aide, les mauvais jours. C'est un moyen de ne pas se laisser glisser : savoir qu'on n'est pas seule à subir cette misère. Et puis après tout, avec du recul, leurs fantasmes sont risibles. L'humour, la moquerie, c'est ce qu'il nous reste de bien à nous.

« Ah », dit Katia, venue nous rejoindre au bistrot, une blonde dynamique, « quel emmerdeur ce mec ! Il voulait que je lui suce l'anus. Vous parlez ! Moi j'ai mouillé mon doigt, et ce con n'y a vu que du feu. Mais avoir mon nez dans son cul qui puait, j'en ai le cœur qui se soulève encore ! Pour moi, ce sera du raide, un truc bien fort, demande-t-elle au patron. Vraiment ces types n'ont aucune pudeur. Ils te disent comme ça, l'air tout naturel : "Fais-moi feuille de rose" comme si cette chose si peu ragoûtante pouvait avoir un nom de fleur. De vrais dingues !

– Des pauvres mecs ! » intervient Suzy, rouquine aux fausses taches de rousseur. « Et ceux qui veulent bouffer du sperme, et qui t'attendent pendant que tu es avec un client : "Surtout, ne te lave pas", qu'ils te recommandent. Ils guettent, ils grimpent en vitesse. Ils sont salement pressés les bougres, des mômes auxquels on va supprimer leur soupe préférée ! Et tout ce qu'ils déconnent : "Tu es sûre que tu ne t'es pas lavée, ton client il a bien juté, il t'en a mis plein le cul ?"

– Ça leur arrive de crever à la tâche, reprend Katia. Vous vous souvenez de Marie-Jo ? Un jour, on était assises tranquilles autour d'un pot comme maintenant, et tout à coup on a vu débarquer Marie-Jo bouleversée, les cheveux en bataille, son maquillage qu'a dégouliné sur ses joues, un clown. Nous on rigolait, c'était pas drôle du tout. Elle était montée avec un client attitré qu'elle connaissait depuis des années. Sa petite habitude, faire l'amour à la "levrette". Elle ne s'est rendu compte de rien ; ce n'est que quand il a commencé à peser très lourd sur elle qu'elle s'est dit : "Qu'est-ce qui lui arrive ?"

– Pas vrai ! J' parie qu'il avait clamcé ! et Suzy se met à rire.

– Oui, mais les mains du type lui enserraient la taille et il lâchait pas. Tout mort qu'il était, il avait de la force. Il s'était tiré en jouissant, le dernier spasme avait été le bon.

– Alors, comment elle s'en est sortie ?

– Elle a appelé les tauliers qui ont téléphoné à police-secours. Les flics l'ont dégagée et ils ont rhabillé le bonhomme vite fait. Ils l'ont emmené à l'hôpital ; c'était un type bien, à ses fringues ça se voyait ; les flics ont regardé dans son portefeuille bourré d'oseille. Tu parles si la famille a dû mettre le paquet pour que ça ne se sache pas qu'il avait clamcé en baisant une prostituée. »

Je crois que ce qui me révolte le plus, c'est de savoir que tous ces types sont considérés comme des citoyens respectables par la société. Bons pères de famille, bons époux, certains même sont des hommes publics hautement honorés. Parfois, je m'amuse à penser : on pourrait enregistrer tout ce qui se dit dans nos chambres, leurs propos puérils, enfantins, scatologiques, leurs bredouillements, et on les repasserait à la suite de leurs discours politiques, économiques, sociologiques. Pourrait-on alors les prendre au sérieux, après les avoir entendus faire le chien ou réclamer d'être langés ? Je me fais sans doute des illusions, car les hommes vis-à-vis de ces choses ont une indulgence sans limite.

Quand je regarde celles qui sont mes copines de travail, je crois que je les aime bien.

« Pomme à l'eau » : une femme encore jeune, complètement folle de sa gosse. Elle n'a que son nom à la bouche, on peut lui parler de n'importe quoi, elle s'en balance, elle continue à raconter sa mouflette : « Ma fille si tu la voyais, elle a deux dents, des vraies perles, ce que c'est joli ! Et puis elle devient drôle. Voilà-t-il pas qu'elle fouille dans mon sac, faut que je le lui donne dès que j'arrive. »

Une femme, qui lui coûte fort cher, garde son enfant pendant qu'elle turbine sur le trottoir. Les autres lui font remarquer qu'avec ce qu'elle lui file comme fric, elle ferait aussi bien de travailler dans un bureau et la mettre à la crèche, il ne lui en resterait pas moins. Mais « Pomme à l'eau », elle s'en fout, on peut lui dire n'importe quoi, elle n'écoute rien. C'est pour sa gamine qu'elle tapine, qu'elle se fait emballer, qu'elle paie des amendes, pour lui bâtir un avenir rayonnant.

« Lily la Rousse », avec laquelle je n'ai que des rapports lointains. Une belle fille tout en paillettes, perchée sur des souliers vernis. Ses robes sont en satin noir, elle en change tous les jours. C'est une couturière qui les lui fait, toujours sur le même modèle, très échancrées en V, qui laisse voir la naissance des seins, pas davantage. Très serrée sur les fesses, la jupe est fendue sur le côté pour lui permettre de marcher. Elle est tellement étroite que lorsqu'elle déambule, à petits pas courts, elle a l'air d'avancer sur des œufs. Lily appelle cette tenue son « uniforme de travail ». Prétentieuse, elle affirme : « Moi je choisis mes hommes, c'est pas n'importe qui qui monte avec moi. S'ils n'ont pas la classe, je leur dis non. »

« Lily la Rousse » est une vraie gagneuse. C'est la « régulière » d'un mac qui n'est pas un débutant ; elle a des « doublardes » qui travaillent aux Halles. Elle, c'est la haute volée, la femme chic. Son « homme » dit d'elle : « J'ai une femme qui tapine à la Madeleine. » « La classe », comme elle dirait.

Épisodiquement, quand elle a besoin d'argent, « la Poupée », blonde frisée aux yeux bleu faïence, apparaît. Nous restons des mois sans la voir. Où est-elle, on n'en sait rien, on ignore tout de sa vie ; puis elle surgit, s'installe comme si elle ne nous avait jamais lâchées. Elle s'accroche au trottoir, on dirait qu'elle ne le quitte pas, des jours, des nuits. Elle est là quand on arrive, là quand on repart. Elle fait quand même la pause au café, seulement la sienne n'est pas comparable à la nôtre : « la Poupée » sort son poudrier, d'un geste habile dépose une pincée de poudre blanche sur sa main, la porte à son nez « schniff, schniff » tout naturellement. Clac, le poudrier se referme. Ses yeux brillent. Dans quelques instants, « la Poupée » sourira aux anges. Et elle repartira arpenter le trottoir d'une allure de combattante. Parfois elle court derrière les types, rien ne la décourage, rien ne lui fait peur. Seul compte pour elle de ramasser de l'argent.

Un soir après sa prise, elle nous dit : « Je décarre, je change de bled.

– Où vas-tu ?

– En Algérie, mon homme m'envoie dans le quartier réservé, j' s'rai peinarde là-bas.

– N'y va pas, fais n'importe quoi, mais n'y va pas ! »

J'ai crié cela sans réfléchir.

Ça intéresse : « Pourquoi tu lui dis ça ? Tu connais ? » Je ne sais pas pourquoi je mens : « Non, mais j'ai connu des filles… »

Elle paraît heureuse ou elle s'en fout. On ne peut pas le savoir. Et je pense qu'on ne la reverra jamais. Sans sa drogue, enfermée dans un bordel, elle deviendra folle.

Katia a une idée saugrenue qui nous fait toutes rire :

« Dites donc, on se marrerait bien si toutes les femmes devaient faire leur service obligatoire dans la prostitution. Toutes feraient leur temps de tapin, c'est ça l'égalité, non ?

– T'aurais des femmes honnêtes qui seraient drôlement contentes.

– Tu crois ?

– Va savoir quels sont leurs fantasmes.

– Eh ben, tu vois, le mien il est pas compliqué : la "position du missionnaire" avec un homme que j'aimerais. J'ai toujours eu des goûts simples », dit, rêveuse, « Pomme à l'eau ».

« Ça doit être comme ça que t'as fait ta môme », la charrie une copine.

N'empêche qu'il y a des terrains dangereux, glissants, et celui-là en est un : un homme qu'on aime sans complications sexuelles.

Ma préférée, on en a toujours une, c'est la grande « Aïda ». Nous l'avons surnommée ainsi parce qu'elle chante aux coins des rues. Une grande fille avec une forte poitrine, des hanches étroites, de longues cuisses se terminant, comme un échassier, par des jambes très minces, filiformes. Elle marche la poitrine en avant, elle l'appelle « mon coffre ». Elle dit en riant : « Moi j'ai du coffre, c'est ça qui leur plaît. » Aïda appelle les clients en chantant sur l'air de *Rigoletto* :

« Tu viens... ens ! mon chéri
Aïda est jolie.
Tu verras... as... a !
Comme ce sera bon. »

Avec les flics, elle change de registre et quand ils l'interpellent, elle les regarde de haut et leur chante :

« Arrière poulets ! vos sarcasmes ne m'atteignent pas ! »

Interloqués, ils lui répondent : « Ça va, arrête tes conneries, tu chanteras mieux au violon ! »

Et dans le car de police qui l'emmène, elle récite, grandiose, des fragments de poèmes que nous écoutons, éberluées.

« Nous étions vingt et cent, nous étions des milliers... »

ou

« Moi, c'est moralement que j'ai mes élégances... »

Et c'est vrai !

À la limite, je me sens bien avec ces femmes. Certaines m'amusent avec leurs manies, leurs drôleries, leur révolte maladroite, naïve, leur canaillerie, leur cynisme, parfois aussi leur vacherie.

Si pour nous, pour cet assemblage si disparate, on peut employer le mot famille, alors nous sommes une « grande famille ». Les absences sont remarquées. On s'inquiète, on s'interroge : « Est-ce qu'il ne lui est pas arrivé un accident ? » Comme dans toutes les familles, on a des cousins détestés, méprisés, sur lesquels on déblatère : ce sont les macs, les hôteliers, nos exploiteurs.

Il était assis comme un vrai chien adulte, bien droit sur ses fesses, alors qu'il n'avait que trois mois… ce teckel à poils durs. En cage, dans la vitrine, il regardait la rue, moi je le regardais. C'était simple. Je suis entrée dans la boutique, je l'ai acheté. J'achetais un peu d'amour. Il m'en donne beaucoup. Savoir que je suis attendue, que ma maison n'est pas vide. Des yeux marron attachés aux miens, vivant de ma vie, dès que je suis là. Car Zouzou, lorsqu'il m'arrive d'être arrêtée, devient mon remords, et je me dis qu'être putain c'est ne même pas avoir le droit d'avoir un chien, puisqu'on ne peut assumer cette petite responsabilité, procurer à un animal une vie normale.

Tous les matins, tous les soirs, je promène longuement mon chien, même si je suis crevée d'avoir marché, couru, fourbue d'être restée sur mes jambes.

Depuis des mois, je n'habite plus avec ma sœur ; ce ne pouvait être que provisoire et nous le savions. Elle et moi n'avions rien en commun. J'ai loué un studio, avec cuisine et douche, rue La Fayette, près de l'église Saint-Vincent-de-Paul, dans un immeuble bourgeois. Les voisins sont fermés, hostiles. Je ne sais comment ils ont appris que j'étais une prostituée mais ils le savent. Sans doute, je déshonore l'immeuble. Pourtant ma discrétion est exemplaire, on ne peut même pas me reprocher une visite masculine !

Dans la maison j'ai remarqué une jeune femme qui souvent sort et rentre en même temps que moi ; nous avons la même taille, la même couleur de cheveux, et surtout un chien de race semblable, le sien s'appelle Phil.

Elle me sourit. Pour elle je ne suis donc pas la prostituée du troisième ? Nous commençons par échanger un petit signe de tête, puis quelques mots. Enfin, elle me dit : « Venez donc me voir un soir, nous bavarderons. » J'y vais, inquiète, les commérages sont-ils parvenus jusqu'à elle ? Sait-elle le métier que j'exerce ? M'aurait-elle invitée quand même ?

Elle vit dans un petit studio semblable au mien, avec sa fille Nisou de dix ans ma cadette, étudiante, je n'ose demander en quoi. Tout cela est si loin de moi.

Ce premier soir, je n'ai pas dit grand-chose, je l'ai surtout écoutée. Elle est veuve de guerre. Tranquillement, elle me parle d'elle comme s'il était important que, très vite, je sache qui elle est.

« Voyez-vous je suis juive et il n'y a rien de pire que le racisme, toutes les formes de racisme. »

Peut-être est-ce pour moi qu'elle parle ? Est-ce une façon de me dire qu'elle sait, qu'elle comprend ? Ida poursuit :

« Pendant la guerre, les Allemands ont emmené ma mère. Ils l'ont déportée dans un camp de concentration, elle n'en est jamais revenue. Son départ dans le matin fut une succession de vociférations et de silence, j'y pense toujours. »

J'aurais voulu pouvoir parler aussi librement, ouvertement qu'elle. Mais qu'avais-je à lui dire ? Je suis rentrée chez moi, bouleversée, incapable de m'endormir : j'avais ma première amie dans l'« autre » société. Et si je me trompais ?

Quelques jours plus tard, sa gentillesse, sa bienveillance attentive ont eu raison de ma défiance, et je lui raconte pêle-mêle, d'abord réticente, ma jeunesse, le ghetto, les bordels. J'ai un peu l'impression d'être ce joueur de poker qui avance son dernier coup, celui sur lequel il mise sa peau, n'ayant déjà plus de chemise. C'est angoissant. C'est aussi la première fois qu'en parlant à « un d'en face » je ne me sens pas obligée de dissimuler, de mentir.

Cela a duré longtemps, puis j'ai conclu : « Vous voyez, je fais un sale boulot que je déteste. »

Compréhensif, chaleureux, le regard d'Ida ne me quitte pas. Alors je rejette un peu de ma honte, de ma peine, de ma haine contre la société : « ... méprisées, à nous les prostituées, on refuse tout. Contre nous s'exerce une réprobation latente, un réel opprobre.

– Ne dis pas ça. Tu verras, un jour tu connaîtras autre chose. Sois patiente et tu en sortiras, tu auras une autre vie, bien à toi... celle-là. »

Et, comme c'est elle qui me l'affirme, je la crois.

Ida, c'est mon jardin, mon îlot de fraîcheur, une raison d'espérer, la branche à laquelle je m'accroche pour croire que la vie n'est pas uniquement celle du monde de la Madeleine.

La Noël, le jour de l'an approchent. Ces jours de fête, comme les dimanches, me donnent la mesure de ma solitude. Pour avoir un but, rendre visite à quelqu'un, ces jours-là, je vais au cimetière sur la tombe de ma mère. Étrange dialogue qui s'engage, l'autre ne répond jamais. J'imagine, plongeant dans mes souvenirs d'enfant, les mots qu'elle pourrait me dire. Alors, j'ai honte d'être jeune et de ne pas aimer la vie.

C'est dans cet état d'esprit que, tapinant, je regarde les vitrines brillantes, pleines de Pères Noël, d'arbres scintillants, de fleurs, de victuailles et de cadeaux, en désirant que tout cet étalage de joie disparaisse vite, très vite...

Le matin du 23 décembre, je rencontre Ida :

« J'allais venir chez toi, j'avais une proposition à te faire ; que dirais-tu de passer les fêtes avec nous ? »

Ce que j'en dirais : rien, parce que ma gorge est trop serrée.

Jamais, de toute ma vie, je n'ai vu, ni eu, un arbre de Noël. C'est un émerveillement d'enfant, une joie indescriptible, lorsque je découvre et ouvre les petits paquets à mon nom. Cinq années de bordel et maintenant de trottoir, de misère physique et morale sont effacées. À cet instant, je suis comme tout le monde. Dans la lumière, la chaleur, la sympathie, je m'accorde aux autres, à tous ceux qui fêtent cette nuit et je me retrouve.

À quelques matins de là, la sonnerie du téléphone me réveille. J'entends la voix de Nisou, angoissée.

« Peux-tu descendre chez nous, tout de suite ? C'est grave. »

En pénétrant dans leur studio, je découvre, stupéfaite, Ida couchée, le visage tuméfié, les yeux gonflés, la bouche et le menton ne sont plus qu'une plaie à vif. Elle est méconnaissable.

Je reste là, stupide, affolée.

« Mon Dieu, mais qu'est-ce qui t'es arrivé ? »

C'est Nisou qui répond.

« Maman est descendue hier soir promener son chien, il devait être dix heures. Devant la porte, au moment où elle rentrait, un homme s'est précipité sur elle et l'a battue. Il n'a pas essayé de lui voler son sac à main, il ne voulait pas la dévaliser, il ne voulait que la battre... »

C'est incompréhensible, toutes les trois nous restons silencieuses. Puis, de sa voix raisonnable, Nisou reprend calmement : « Nous avons trouvé une explication, seulement elle est très délicate à dire.

– Cela me concerne ?

– Oui.

– Nisou, ma chérie, je t'écoute.

– Voilà, toutes les deux vous avez le même chien, la même couleur de cheveux, à peu près la même taille, alors nous avons pensé que dans l'ombre il y a eu une confusion, que cet homme, qui devait être du milieu, s'est trompé de personne. Il ne te connaissait pas, il n'avait que ton signalement. Dans ton métier, tu as sans doute des ennemis ; maman a été prise pour toi. »

Comment ne pas être effondrée ? Je ne peux pas laisser cette idée s'installer entre nous ; je dois parler, expliquer, convaincre. À cause d'un salaud notre amitié va-t-elle s'effondrer ? Comment ne pas maudire cette saloperie de métier qui aujourd'hui m'inflige ça ?

« Je ne le crois pas. D'abord, bien que prostituée, aucun homme n'a une raison quelconque de me corriger. Dans le milieu, on ne bat pas une femme pour le plaisir, sans motif. C'est toujours motivé et toujours pour la punir. Mais il y a des hommes pour lesquels battre une femme est une jouissance. C'est probablement le cas, il devait attendre et guetter, il aurait pu aussi bien taper sur moi que sur toi. N'importe laquelle... »

Elles me regardent, étonnées mais non incrédules : que des hommes puissent avoir du plaisir à battre une inconnue leur paraît une histoire venue d'un autre monde. Elles ont raison, elle en vient. Un monde où tout est bouleversé, où leur connaissance de la vie ne leur est plus d'aucune utilité. Je dois aller plus loin dans mon explication, leur dire que nous, les prostituées, nous servons d'exutoire à ces hommes-là, que certaines d'entre nous peuvent en mourir quand leur sadisme va plus loin que les coups, trop loin... Leur dire que beaucoup d'hommes ne viennent nous voir que pour assouvir des besoins cachés souvent inquiétants.

Elles écoutent, je les sens se détendre, elles comprennent mais en même temps, effrayées, elles découvrent une autre réalité.

Chez les honnêtes gens, les idées toutes faites, manichéennes, passent très bien. D'un côté les bons : eux et les leurs. De l'autre, les méchants : les putains, les maquereaux, les voleurs...

Je déborde de mon sujet tant cette odieuse agression me révolte.

« Vois-tu, Nisou, tu as l'âge de savoir, de comprendre. Comme toi, je suis du XXe siècle et pourtant j'ai été vendue. Il te semble que ces pratiques datent de bien avant le Moyen Âge, et qu'elles ont disparu depuis longtemps. Erreur. Il suffit de naître dans un milieu défavorisé pour qu'elles deviennent possibles. Tu es une petite fille protégée, peux-tu penser que tu n'es pas totalement à l'abri de ce qui m'est arrivé ? Sais-tu que la chair féminine se trafique, qu'il existe des hommes de bon aspect, ayant une façade honorable, qui en font le commerce et qu'ils n'appartiennent pas obligatoirement au "milieu" ? Ils traitent ces affaires avec le même sang-froid, la même indifférence que s'il s'agissait d'une quelconque marchandise. Leur couverture est inattaquable. On ne peut rien contre eux. La police, d'ailleurs, ferme souvent les yeux. Des jeunes filles inconscientes, appâtées par différentes propositions se laissent embarquer, leurs papiers d'identité sont falsifiés, on ne les revoit jamais. Caracas, Tanger, Saigon [2], Alger... des noms qui te font rêver mais qui pour de nombreuses femmes sont devenus synonymes d'enfer. »

Notre amitié n'a pas été atteinte par ce pénible incident. Cependant, j'ai eu peur.

Plus tard, Ida est morte d'un cancer. Pendant cinq ans elle a lutté, subissant des interventions chirurgicales, des traitements chimiothérapiques pénibles, acceptant tout pour sa fille qui avait d'elle un immense besoin.

Lorsqu'on l'a enterrée, j'ai jeté dans la fosse ouverte une rose. Sa fleur préférée. Avec ce geste un petit lambeau de moi-même restait sur le cercueil. Cette amitié me permettait d'exister : Ida m'aimait, alors j'étais vivante.

Parfois, mes copines s'inquiètent : « Et ton homme, ça ne te gêne pas qu'il soit si loin ?

– Tu parles, elle est plus tranquille comme ça ! »

Sur ce sujet, je suis réservée. Pour moi, le mac, c'est le pire de nos maux.

« N'empêche », embraie « Lily la Rousse », très duchesse, « que ce sont nos alliés. Ils parlent le même langage que nous. Ils connaissent tous les vices, toutes les ficelles du métier. Ils nous protègent. Quand on est en cabane, ils s'occupent de nous. »

J'ai envie de leur dire que c'est à cause d'eux qu'on va en cabane parce qu'ils nous obligent à faire le tapin. Je me tais : sur ce sujet, nous serons difficilement d'accord.

« Aïda » part dans le rêve :

« Quand t'es maquée, ben c'est comme si t'étais mariée, le mac quand il parle de toi il dit : ma femme. Rien que ces mots peuvent te faire basculer… »

Ce qu'elle dit est vrai, cela représente tellement de désirs inassouvis, un désir d'être, d'appartenir à un seul homme.

« Tu comprends, le micheton c'est un cave ; il compte pas, sitôt parti, sitôt dans les oubliettes. Celui qui a du poids c'est "ton" homme, c'est celui à qui on donne la "comptée", celui qui peut être méchant, qui peut te corriger comme une petite fille qu'a fait une connerie. »

Que dire à cela ?

Je pense que c'est affreux d'être lié à un homme qui ne tient à vous que parce que l'on se prostitue pour lui.

Un instant, « Pomme à l'eau » oublie sa môme pour se mêler à notre conversation.

« Disons la vérité : toutes les nanas espèrent qu'un jour le mac les retirera du tapin. Un peu comme une récompense après une longue pénitence. »

Les retirer du tapin, lui seul en a le pouvoir, et les filles dans le fond de ce bistrot, dans la lumière des tubes fluorescents, l'odeur de bière, d'alcool, et de fumée refroidie, se mettent à espérer l'instant où la punition sera terminée.

Leur apologie du mac juste et libérateur ne me convainc pas. Pas plus qu'elles n'y croient réellement. Rares sont les filles qui aiment vraiment leur souteneur, les histoires de « je l'ai dans la peau » sont bonnes à ranger dans le magasin d'accessoires des gigolettes à foulard rouge, des javas vaches surannées. La vérité est différente, ils sont les supports des rêves des filles, et pour tenir il faut rêver beaucoup.

Qu'arrive-t-il à toutes ces femmes qui ont trimé, donné tout leur fric, sont passées, quand cela plaît à ces messieurs, de main en main ? Que leur reste-t-il de ces fortunes qu'elles ont gagnées ? Où finissent-elles ? Femmes de chambre dans des clandés ? À l'hôpital, malades, indigentes ? Si elles ont des enfants, ce sont des enfants à problèmes. Une mère prostituée, ça pèse un sacré poids. Tandis que leur mac, leur soutien, celui qui veille sur elles, se marie avec une jeune fille vierge et, avec elle, retourne dans son pays en Corse ou dans sa campagne. On en a vu se marier avec des filles de bonne famille, faire des enfants, comme si ces crapules méritaient d'avoir une descendance.

Ce soir, je suis particulièrement révoltée et je me jure que je ne me laisserai plus dominer par un homme. J'en sortirai.

François m'a annoncé qu'il allait venir. C'est cette fois que je dois agir. Comment ? Mon plan est encore vague, seule ma résolution est nette.

À Paris, pour « mon » mac, c'est vraiment la belle vie. Ses journées, il les passe dans les bars corses à jouer aux cartes. Le soir, bien habillé avec mon argent, il va au restaurant puis dans les boîtes de nuit. Le verbe haut, l'argent facile, on l'appelle « Monsieur François » avec respect. Il se couche tard, se lève encore plus tard, enfile une chemise et des chaussettes de soie et recommence le même programme que la veille avec la même nonchalance désinvolte. Un soir, il me déclare qu'une chevalière avec un diamant ça pose l'« homme », que je ferais bien de m'activer un peu. Je ne dis rien, le regarde, et pense à Sylvio : lui n'avait pas besoin de cela pour qu'on le respecte. Lui ne me l'aurait jamais demandé.

Cela fait trois semaines que, loin d'augmenter ses gains, je lui remets la même somme franc pour franc.

« Non mais, tu te fous de moi ? »

La conversation s'engage mal.

« Madame me "taxe[3]" ! »

Lui remettre une somme chaque fois identique, est une atteinte à son honneur d'homme. Il est évident que le chiffre est né de mon estimation, je l'ai évalué. Insupportable.

« Tu me prends pour un cave. Mais avec moi ça ne marche pas. »

Je laisse passer. Mon laïus, je l'ai préparé, établi sur les lois du milieu. Ou il me cédera ou il perdra la face.

« Écoute, tu n'es pas content, moi non plus. »

Il en suffoque.

« Je ne veux pas me prostituer toute ma vie, surtout à ton profit. Je ne veux plus de toi. Je veux ma liberté.

– Celle-là, c'est la meilleure. Tu es devenue folle ou quoi ? Ce dont tu as besoin c'est d'une bonne tisane et ensuite d'une amende et on verra qui est l'homme ici.

– Je ne suis pas ta femme. Et tu vas me foutre la paix. C'est fini. Et ne t'imagine pas que je te paierai une amende. Si tu ne veux pas, j'irai trouver tous tes cousins de Pigalle et les Jules qui font la loi et je leur apprendrai la vérité. Je leur dirai comment tu m'as eue : j'étais la femme de Sylvio, tu as profité de sa mort, tu as pris la succession, alors que jamais rien n'avait été convenu entre vous. Jamais ton frère ne m'a confiée à toi. Ça ne plairait pas dans le milieu, cette histoire, elle te fera mauvaise réputation. »

Il est vrai que cela serait mal apprécié. On a le respect de ces sortes de choses. Mais y gagnerai-je à coup sûr ma liberté ? Rien n'est moins certain, il ne sera plus mon mac, mais je devrai en accepter un autre, et je ne le veux pas.

J'ai misé sur son caractère. François a l'orgueil sensible, et la crainte du milieu corse où il est toléré parce que son frère y a laissé un nom respecté. Je le sens inquiet, incertain. J'en profite pour partir, certaine qu'il n'osera rien.

Il n'ose rien, les autres si. Tout se sait dans le milieu et je m'aperçois très vite que les maquereaux qui croisent alentour savent que je suis libre. Le soir, assise dans un restaurant où je dîne parfois, je les vois s'approcher, élargissant les épaules, chaloupant sur les hanches, avantageux, crâneurs. Ils viennent me parler, derrière leur ironie pointe la menace. Ils cherchent à me faire peur.

« Alors ? » me dit l'un d'entre eux, avec un fort accent corse, traînant sur les mots, les accompagnant d'un sourire qu'il veut bienveillant, « qu'est-ce que tu fais avec tout cet argent que tu gagnes ? Tu ne vas pas me dire que, maintenant, c'est les souris qui te mangent les billets ? »

Un autre prend le relais :

« Dites voir un peu, mademoiselle, ça fait des années que nos femmes elles travaillent ici, vous allez pas leur enlever le pain de la bouche pour le refiler à un cave ! »

Ni à un cave ni à un mac, il est pour moi seule. Je ne réponds rien, je baisse les yeux, prends l'air soumise. Ils tournent autour de moi, me cherchent, comme je ne leur tiens pas tête, ils pensent que je vais plier.

Je me fais discrète, évite même les copines maquées prêtes à me racoler pour leurs hommes. Je ne veux pas en plus devenir une « doublarde ». Dès que j'aperçois un maquereau voguant vers moi, je prends le métro, lâche le tapin. Je ne reste pas trop tard le soir, ce sont des noctambules : ils sortent quand s'allument les néons. Dans la journée, je suis presque tranquille. Enfin, je disparais une quinzaine, le temps qu'ils se posent des questions, puis je refais surface. Je retrouve les copines et raconte, avec détails, que je me suis trouvé un maquereau, un Marseillais qui voyage beaucoup : il a des filles en Afrique du Nord. Cela prend suffisamment pour que j'aie à peu près la paix.

Être libre ! Ce pas que je viens de faire est important, mais il n'est pas décisif. Je voudrais m'en sortir totalement. Seulement comment m'y prendre ?

Bien que monotone, le temps passe vite. J'ai l'impression de glisser au fond d'un entonnoir dont les bords sont à la fois lisses et glissants, comme ces insectes qui tombent dans une baignoire vide et s'épuisent à tenter d'en sortir.

Je commence à boire ; alors tout devient plus facile, indifférent. L'hiver, ça réchauffe avant de se lancer dans la rue déserte, glaciale. La rue est devenue mon univers. Le trottoir, je le connais par cœur jusque dans ses plus infimes rainures, ses irrégularités. Les recoins, les portes où l'on peut s'engouffrer à la moindre alerte n'ont plus de secret pour moi.

Parfois, j'ai l'impression d'être une bête que l'on guette. Une de ces bêtes sauvages, vues sur un écran. Elles avancent les oreilles dressées, frémissantes, aux aguets du moindre bruit, puis elles s'élancent d'un bond et l'on voit l'image du chasseur à l'affût qui les traque. Souvent je pense à ces animaux. Je comprends leur frayeur, elle bat dans ma gorge. Pour moi les chasseurs, ce sont les flics. Par leur provocation, ils légitiment leur fonction. Ne gagnent-ils pas leur vie en nous pourchassant ? Ce travail-là, ils le font avec beaucoup de conscience et bien peu d'objectivité ; ils ont leurs têtes, et celles qui ne leur plaisent pas n'ont plus qu'à changer de quartier.

Pendant longtemps les sanctions sont restées les mêmes, le ronron habituel : cinq heures de « cage aux poules », assorties d'un P.-V.

Parfois une rafle, le coup de filet dans les mailles duquel nous ne sommes que menu fretin. Mais ramassent-ils autre chose ? Cela nous vaut une amende donnée au cours d'un procès qui n'est qu'un simulacre de justice.

Puis, d'un seul coup, les événements politiques vont casser ce train-train. Nous ne nous intéressons à la politique que dans la mesure où elle nous touche. Elle peut avoir de fâcheuses incidences sur notre vie. C'est la guerre d'Algérie. Les gouvernements se succèdent sans apporter de solution. C'est alors que revient de Gaulle, le sauveur de cette France malade que l'on ne peut soigner qu'à coups de héros.

Je me souviens, un soir de mai 1958, être sortie d'un cinéma des Champs-Élysées dans le délire des klaxons des automobilistes : « De Gaulle au pouvoir ! » Une amie me dit :

« Tu vois, tu vis une minute historique. »

Cette minute historique marque, pour nous, le commencement d'une répression monstre des plus profitables à l'État. Nous sommes en plein paradoxe : l'État sanctionne notre existence par des amendes. Il encaisse l'argent du plaisir, c'est donc le premier des proxénètes. D'un côté, il combat le principe même de la prostitution, de l'autre, il en touche les bénéfices. Et, merveille d'hypocrisie, plus l'État combat vigoureusement les prostituées, plus l'argent rentre. Là où il atteint son apogée, c'est lorsque le ministère des Finances nous impose sur des revenus dont l'origine, non admise, suscite en outre des sanctions financières : P.-V., amendes, impôts, nous sommes pour l'État de bonnes laitières.

Avec l'arrivée de De Gaulle à la présidence, les amendes pleuvent et augmentent : de cinquante francs elles passent à deux cent cinquante ; les inspecteurs sont devenus notre moindre mal, les rafles se succèdent à une cadence qui ne laisse pas refroidir les moteurs des voitures. Nous ne sommes plus uniquement harcelées par la police des mœurs, la Mondaine s'occupe également de nous ; mieux, on crée une brigade spéciale. Ramassées, notre destination est invariable : le poste de police, où nous dépassons largement les cinq heures habituelles à attendre nos nouveaux cars, véritables prisons roulantes. Ils peuvent contenir cinquante personnes bouclées debout dans des cabines individuelles, où on ne peut ni s'asseoir ni se tourner. Un alignement de cercueils verticaux, grillagés. Cahotées, nous en sortons couvertes de bleus. Rafles spectaculaires qui confortent les bonnes gens dans l'efficacité de la vertueuse lutte entreprise contre la prostitution. Le quartier de la Madeleine, quartier de luxe, est particulièrement visé. Pour nous, c'est fort préjudiciable, car la proximité des magasins nous amène leur clientèle. Nous avons des messieurs « bien » qui viennent passer quelques instants avec nous en déposant sur la chaise leur petit pot de caviar ou leur paquet de saumon.

Je dois à cette répression quelques mauvais souvenirs.

Pourchassée, sur le point d'être arrêtée, je me mets à courir. L'inspecteur est aussi rapide ; déjà il m'a attrapé le bras, je tente de me dégager et perds une de mes chaussures. Lui, croyant que je vais me baisser pour la ramasser, me lâche. J'en profite, me remets à courir et perds ma seconde chaussure. Satisfaite d'avoir échappé à la prison, je rentre chez moi.

Mais, sans doute furieux, l'inspecteur n'accepte pas cet échec. Dès le lendemain, je suis convoquée par l'OP[4] du quartier. Il me reçoit en me brandissant sous le nez mes chaussures. J'ai quelques difficultés à les reconnaître, tant elles sont esquintées ; on leur a même arraché la semelle.

« C'est bien à vous ?

– Il me semble.

– L'inspecteur X dit que vous l'avez battu avec vos chaussures. Il a un arrêt de travail de huit jours et a déposé une plainte contre vous. Qu'avez-vous à dire ?

– Rien. J'ai essayé d'échapper, je me suis enfuie en perdant mes chaussures. Je ne m'en suis jamais servie contre lui. D'ailleurs, quand je les ai perdues, elles étaient en bon état.

– Si j'ai un conseil à vous donner, laissez-vous arrêter sans histoire. Les inspecteurs sont des fonctionnaires chargés de faire respecter l'ordre. Ils sont assermentés, personne ne vous croira et ils vous rendront la vie infernale. Vous passerez tout votre temps en prison. »

Quelques jours plus tard au banc des accusés, je suis condamnée pour « outrages à agent et insultes ». Un mois de prison avec sursis, cent mille francs d'amende [5].

Non seulement la cadence des amendes est accélérée, mais les délais de règlement le sont également. Tellement, que nous n'avons même plus le temps d'amasser suffisamment d'argent pour les payer.

Le président bredouille sa sentence, qui se termine par « … amende avec sursis ou huit jours de prison ferme ».

Cette fois-là, incapable de payer, j'ai accepté la prison.

C'est à la Petite-Roquette que je suis incarcérée. Le règlement nous interdit d'acheter quoi que ce soit à la cantine. Pour avoir ce droit, il faut y rester plus de huit jours. Mais il ne nous est pas interdit de travailler. Dans un atelier nous assemblons des bouts de corde destinés à la fabrication des espadrilles. Nos gardiennes sont les sœurs habituelles. Le soir, je rejoins une cellule, une pour trois femmes. C'est froid, humide, vétuste, et ça sent la misère humaine. Depuis la cour où nous allons pour la promenade, nous percevons les bruits de la vie derrière les hauts murs. Il y a probablement une école à proximité ; des hurlements de gosses joyeux me parviennent, ils doivent jouer au ballon, se bousculer... Quand la récréation est terminée, le calme revient, un calme plein des rumeurs de la ville. Très distinctement, j'entends deux femmes parler ; elles ont dû s'arrêter au pied du mur, côté rue. Je les imagine avec un filet à provisions. Elles discutent de la vie chère, des enfants et de leurs études, du mari qui rentre tard le soir... J'ai envie de leur ressembler, d'avoir au bout de mon bras un cabas trop lourd contenant le goûter des enfants et le dîner.

Avoir des soucis de « panier de la ménagère », que cela doit être reposant !

# 9

Je n'ai plus de mac et cependant je ne me sens pas vraiment libérée. Échappe-t-on au tapin ? Mon changement de vie, pour le moment, se limite à un changement de trottoir.

De la rue Caumartin, je passe à la rue Volney. Une rue à traverser et tout devient différent : de nouvelles fréquentations, de nouveaux clients, un nouveau bar, et, au début, l'anonymat, le plaisir de se perdre dans la foule, d'être, pendant quelques minutes, une femme sans étiquette.

Elles ont l'allure bourgeoise celles qui arpentent le boulevard des Capucines ; pas de toilettes voyantes, ni de maquillage outrancier, une apparence modeste : le pull sombre, le chemisier classique et le rang de perles. Même les inspecteurs ont un style plus austère. Ils sont aussi plus rigides et plus bornés. À peine m'ont-ils repérée – et ce ne fut pas long ! –, qu'ils me préviennent : « Ici, quand vous marchez sur les boulevards, vous devez obtempérer immédiatement si l'un d'entre nous vous donne l'ordre de vous faire emballer. Observez ces règles et vous aurez la paix. »

Un discours qui ne laisse pas de place aux illusions.

L'hôtel de la rue Volney a un style que je ne connaissais pas ; il est tenu par un couple d'Auvergnats âgés et intransigeants. Méprisants, hautains, ils nous imposent un règlement absurde et paradoxal, peu en rapport avec notre clientèle dont cependant ils tirent toutes leurs ressources.

Araignées vigilantes, pour nous surveiller ils se tiennent assis devant la table de leur salle à manger recouverte de toile cirée, portes grandes ouvertes. Chaque fois que l'une d'entre nous se dirige vers l'ascenseur, le vieux se penche pour regarder sa tenue. Si son pull ou sa robe met en valeur sa poitrine, ce gardien de la moralité a un signe de tête négatif et dit sèchement : « C'est complet. » Image de la respectabilité boutiquière, sa femme nous a prévenues :

« Si je vous surprends à stationner devant l'hôtel, je ne vous reçois plus. »

Refoulées, la punition peut durer des semaines ; nous ne pouvons nous réhabiliter qu'en faisant au vieux la promesse « de ne plus recommencer ». À la moindre attitude provocante, cette famille qui, comme les mouches a le champ de vision circulaire, surgit, en nous menaçant : « Faites attention, tout à l'heure pour vous ça va être complet ! »

Paris et leur métier ne les ont pas modelés. Ils ont conservé leurs mœurs campagnardes et dès que les beaux jours arrivent, le patron sort sa chaise et s'installe devant la porte : la chemise ouverte, ses bretelles bien tendues retenant de vastes pantalons. Il reste là, les cuisses écartées, il prend le frais comme au pays, et regarde, l'œil sournois, les couples se faire et se défaire, constamment prêt à nous punir de nos écarts.

« Mais bon Dieu ! disent les filles, avec cette mentalité, pourquoi tiennent-ils un commerce pareil ? »

Commerce d'un bon rapport : vingt chambres louées trente nouveaux francs la passe, une quarantaine de filles montant en moyenne dix fois par jour. Un joli chiffre en fin de journée. D'ailleurs, quand les services de police estiment que ce trafic a été suffisant, ils ferment l'hôtel, qui paie une amende. Elle peut facilement atteindre cinq cent mille nouveaux francs.

Qu'importe, on épongera cette perte en rouvrant l'hôtel. Elle ne les empêchera pas de se retirer au pays fortune faite en quelques années. Dans la chaîne de nos exploiteurs, ils ne sont qu'un maillon de plus.

Je ressens une espèce de lassitude, de saturation qui annihile toute ma combativité. Le trottoir est devenu une sorte de tapis roulant gris sur lequel je pose le pied par habitude et sur lequel je me laisse glisser.

Mes amies, Ida et Nisou, ont déménagé. Ce voisinage qui rendait mon immeuble accueillant le soir, le dimanche, m'est supprimé et la maison m'est redevenue un bloc d'hostilité.

Les fenêtres de mon studio s'ouvrent sur une cour, un grand mur beige sale me cache le ciel. Rien ne m'attire à la fenêtre. Il y a quelques semaines, j'ai regardé au-dehors, je n'étais pas seule, une femme secouait un chiffon et elle m'a souri. Depuis, chaque jour, nous échangeons un sourire, un petit signe de tête. J'ignore qui elle est, je ne cherche pas à le savoir. Elle et moi nous contentons de ce léger clin d'œil amical. Un matin va tout changer : dans le petit jour crasseux de la prison Saint-Lazare, au réveil, je découvre ma voisine de cour. Nous faisons le même métier. Alors nous éclatons de rire, ce qui fait retourner pas mal de têtes ; le rire, ici, c'est à la limite de l'indécence.

Sur elle Lola, c'est son nom, m'apprend tout dans un flot de paroles.

« Ben vrai, si j'avais pensé ça ! À ta fenêtre, je te trouvais plutôt l'air bourgeois, alors j'osais pas te parler. Je me disais : qu'est-ce qu'elle va penser de moi ? Après ce sera fini pour les sourires, les bonjours. Ben, dis-donc, au contraire, on va devenir de vraies copines ! Je trouve ça chouette d'habiter le même immeuble. Dommage qu'on ne tapine pas dans le même coin. Moi, je fais la gare Saint-Lazare, c'est moins chic que la Madeleine, mais j'y ai mes habitudes.

» J'ai quarante piges, depuis l'âge de vingt ans je me défends… un bail ! »

Assise sur la paillasse en attendant qu'on nous ouvre la porte pour le jus, elle parle :

« De la chance, tu sais, j'en ai pas eu ma part. Plutôt de la poisse, un plein baquet de merde. J'ai pas eu le temps de respirer : mon premier mec m'a maqué. Puis, un jour, sans que je sache pourquoi, y m'a dit : "T'es plus à moi, ramasse tes fringues, fais ta valoche, j't'ai vendue." Tu vois, l'genre de divorce sans histoire. Tous des pourris. L'second y m'a gardée, jusqu'au jour où il me balancera. C'est tout juste si je connais la couleur de ses mirettes, elles sont pas laides d'ailleurs, mais elles m'ont pas ensorcelée. Je n'le vois que pour lui refiler mon fric. Ce rancart-là pas de danger qu'il le loupe. (Elle soupire.) Avec lui pour les rêves d'avenir c'est la tringle, mais comme il est assez réglo j'me dis que si jamais la maison Poulaga m'alpague, il m'assistera. Je n'suis pas seule tu comprends. »

Je comprends, toujours la même histoire, la même peur : être seule.

Bien qu'elle affirme être sans illusions, Lola entretient un rêve.

« M'lâcher, il le fera pas. Mais il est pas de la première fraîcheur, y crèvera bien un jour et moi, ce jour-là, j'referai surface dans ma famille les bras pleins de cadeaux achetés avec l'oseille des michetons et je les déverserai sur eux. Ils seront tellement contents qu'ils me pardonneront. »

Elle reprend son souffle et le regard noyé continue :

« Tu comprends, je suis d'origine arménienne, chez nous on ne rigole pas question moralité, surtout pour les femmes, alors quand ils ont appris, ils m'ont fermé la porte et ça je n'l'encaisse pas. Être coupée de ma famille, ça me fait mal. Si tu savais les jours de fête, comme c'était bon quand on était tous réunis. C'était chaud, plein de lumière, on chantait, c'était le bonheur.

Alors, je veux revenir chez eux, chargée de paquets comme un arbre de Noël. »

Ça brille tellement dans ses yeux que je ressens la même chose qu'elle.

Ce besoin de respectabilité qui est en nous, ce besoin d'appartenir au même groupe humain que les autres, c'est notre mal.

Lola est vulgaire, grossière et agressive, nos honorables voisins ne l'aiment pas. Elle les dérange par son existence même. Sa seule défense, sa seule arme pour lutter contre le mépris auquel elle est, chaque jour, en butte, ce sont ses invectives, cris de désespoir qu'elle lance à la volée, dans le seul langage qu'elle connaisse, celui de la rue. Les gens de l'immeuble ne la supportent pas ; hargneux, vindicatifs, ils se plaignent auprès du gérant des « scandales » qu'elle provoque.

Les « scandales » de Lola : ses draps qu'elle secoue par la fenêtre à midi, ses fleurs qu'elle arrose trop généreusement, son rire, son chant, ses hauts talons qui résonnent dans les escaliers, troublent le calme de la maison. Être putain et être joyeuse, quelle offense ! La voir marcher en tortillant des fesses, la poitrine avantageuse, la rencontrer est une provocation constante pour ces gens qui ne verront jamais en elle que la prostituée. Plus Lola se sent menacée, plus elle devient arrogante.

Un jour, les locataires sont victorieux : à coups de plaintes mal fondées mais violentes, ils parviennent à la faire expulser. Le gérant a-t-il eu conscience de cette injustice ? Il a relogé Lola dans un taudis où un matin on l'a découverte la gorge tranchée.

Je ne sais si le coupable a été retrouvé, probablement jamais. Mais les véritables responsables, ce sont ceux qui l'ont fait chasser ; et qui donc le leur dira ?

Pour l'instant, Lola est encore ma voisine ; nous prenons un verre ensemble dans un bistrot et elle me fait la morale. Sentencieuse, elle hoche la tête.

« Un client, ce sera toujours un client, quelqu'un qu'est pas de notre monde, à qui tu peux pas faire confiance, parce que lui il ne nous fait pas confiance. Pour lui tu ne seras jamais qu'une putain. C'est comme une tache que l'on trimballe, bien visible, et qui ne s'effacera pas. »

Cela réveille en moi une vague réminiscence du Bon Pasteur : la tache originelle. Je n'y croyais pas alors, pourquoi y croire maintenant ?

Je secoue la tête :

« Pierre n'est pas comme les autres. »

Elle a cette réponse stupéfiante :

« Écoute, ce n'est pas sérieux, un homme que tu as rencontré sur le trottoir ! »

Où pourrais-je le rencontrer ? La rue, c'est mon salon.

« Tu ne vas pas me dire que tu l'aimes ? »

Non… mais comme j'aimerais pouvoir le faire, le crier ! Oser parler d'amour. Le peut-on dans ce métier ? Et je lui réponds :

« J'aimerais vivre avec lui. Ne plus le quitter. »

Dubitative, Lola me répond par-dessus son verre d'apéritif :

« T'es quand même pincée. »

Peut-être plus que je ne le laisse entendre.

Il était venu à moi comme client, je ne l'avais remarqué que la troisième fois. Des clients habitués qui revenaient, heureusement pour moi, j'en avais. Avec eux tout était plus facile, on se connaissait, une certaine confiance s'établissait mais ils n'étaient que des michetons. Ce doit être la quatrième fois, qu'il m'a fait un cadeau : une parure de dentelles noires et des escarpins vernis noirs à talons aiguilles, très pointus. Je savais que c'était aussi pour lui, qu'il était fétichiste. Il avait une façon, un peu enfantine, de donner, avec un rien d'inquiétude dans le regard. Ce manque de confiance en lui m'a touchée.

« Ça te plaît ? » Il s'inquiétait de mon avis, j'avais mon mot à dire, ce n'était plus la carte forcée.

Et, devant son regard bleu, interrogatif, j'ai eu envie qu'il soit heureux, que ce bonheur ce soit moi qui le lui donne. Ce fut le commencement avec un regard, un geste ; il m'avait en quelque sorte déverrouillée de ma réserve, de ma méfiance.

Quand il me disait : « Tu vois, moi je n'aime faire l'amour qu'avec des putains. Mon rêve, ce serait d'être maquereau. Comme cela, mêlé à votre vie, je ne vous quitterais pas », j'aurais dû comprendre qu'auprès de moi il ne venait rien chercher d'autre qu'une illusion, qu'il était bien semblable à tous, et rester à ma place, celle qu'il appréciait. Il ne me demandait rien d'autre. Mais je me suis mise à nourrir des rêves absurdes. Pas parce que c'était un blond aux yeux bleus, qu'il était beau, mais parce qu'il savait m'écouter. À lui je pouvais tout avouer, les vices des clients, mon désarroi devant la vie, l'avenir, la solitude… tout. Il m'affirmait : « Je te comprends ». Et je le croyais.

Je croyais tout. Quand allongé sur le lit, fumant une cigarette anglaise, il m'avait dit :

« Vois-tu, mon fils – un beau petit garçon dont il me montrait la photo –, c'est la seule chose qui me retienne de ne pas divorcer. Ma femme n'est plus rien pour moi, je l'aime comme une sœur. Je ne l'aurais pas épousée si elle n'avait pas été enceinte. Le lendemain je le regrettais déjà… », il avait l'air sincère.

Ces banalités que d'autres m'avaient dites, que j'avais alors trouvées un peu ridicules et inopportunes, cette fois je les croyais. Pierre n'était pas heureux, il avait besoin de moi. Dans son cœur, il y avait de la place pour une autre femme capable de le comprendre.

Deux, trois fois par semaine, nous dînons ensemble. J'ai changé de peau, je ne suis plus une prostituée mais la maîtresse d'un homme marié. Je m'installe dans ce rôle, et quand Pierre me raconte de quels mensonges il lui a fallu payer les quelques heures que nous passons ensemble, j'en ris avec lui. Cette complicité me paraît merveilleuse. Pour moi, un homme, un bourgeois, trompe sa femme. Piètre valorisation, dont je ne sens ni la fragilité ni la fausseté. Je suis entrée dans un monde inconnu, jamais fréquenté. Persuadée, grâce à lui, d'être passée de l'autre côté, je n'écoute personne, ni moi ni les autres. Lola peut bien me dire ce qu'elle veut, j'aime et je suis aimée.

Le réveil n'est pas que brutal, il est sordide.

Pierre est chez moi. Aujourd'hui, je n'ai pas travaillé, j'ai cuisiné en bonne femme d'intérieur. J'y ai passé mon après-midi. La table est mise, tout est prêt. J'ai envie de lui dire merci pour la joie qu'il me donne. J'aime que Pierre en entrant regarde autour de lui, que son regard prenne possession de mon studio. Je pense qu'il serait bien qu'il ait ici un pyjama, quelques affaires de toilette. Peut-être pourrions-nous passer une nuit ensemble. Dormir avec lui… On sonne à ma porte. Je n'attends personne. Lola ? Elle doit être encore à son travail. J'ouvre. Devant moi, une petite femme brune, plutôt jolie, une inconnue. Frémissante, agressive, elle avance. Je la laisse entrer. Elle regarde Pierre, me toise :

« Je veux savoir ce que vous êtes pour mon mari.

– Demandez-le-lui. »

Pierre, à l'aise, domine très bien la situation. Un rien théâtral, il me désigne :

« Regarde-la bien, c'est elle que j'aime. »

J'ignore que cette phrase magnifique, capable d'effacer des années de prostitution, n'a été prononcée que pour dramatiser mon personnage. Je suis la maîtresse aimée, celle pour laquelle on quitte sa femme. Le face-à-face appartient maintenant à la femme et au mari. La comédie va se dérouler entre eux, je n'y participerai pas.

Elle sanglote, lui parle de leur vie, de leur enfant. Il n'est qu'indifférence. Elle lui crie : « Que dira ton fils lorsqu'il saura que son père a une maîtresse ? » Puis, habilement, elle développe le thème « ne nous abandonne pas ! ».

Quelle satisfaction retire-t-il d'être ainsi supplié ? Allumant une cigarette, comme dans une mauvaise mise en scène, il dit posément : « Rassure-toi, je rentrerai à la maison, je n'oublie pas que tu es ma femme. Mais je garderai mon amie. »

Comme tous les autres hommes, il dispose de moi. Ne me donne-t-il pas plus que mon dû en m'incluant dans sa vie ? Au moins pour le temps d'une scène. Je proteste :

« Ne croyez-vous pas que j'ai mon mot à dire ? »

Un instant arrachés à leur jeu, ensemble ils tournent la tête. Dans leur regard le même étonnement. Venimeuse, soudain vulgaire, elle me défie :

« Qu'est-ce que vous croyez ? Mon mari est aussi mon amant. Il m'emmène dans les hôtels de putes, ça l'excite, et moi j'accepte parce que je l'aime ! »

D'un revers de main Pierre la gifle.

« Tais-toi ! Ose dire que tu m'aimes, salope qui couche avec Jean le Belge, ce maquereau ! »

Monsieur couche avec une putain, madame avec un maquereau. Ils jouissent à s'encanailler. En quoi tout ceci me concerne-t-il ? Ma présence ne les gêne nullement pour continuer leur théâtre. Que moi, la putain, je demeure le seul élément digne de notre trio ne les gêne pas. Au contraire, mêlant mes cris aux leurs je les dérangerais.

Dans un dernier geste, Pierre attrape sa femme par le bras et l'entraîne. Sont-ils pressés de faire l'amour ?

Grotesque, risible, je reste seule avec mon dîner pour deux, mon dîner d'amoureux. À en pleurer. Je me tais. Ni à Lola, ni à personne, je ne parle de la pitoyable fin de cette histoire que je croyais d'amour.

Je connais Pierre, il reviendra. Je suis son plaisir, les hommes n'y renoncent pas facilement. Nous avons le droit de refuser de monter avec un client. Je lui dirai... Je n'ai rien à lui dire.

Deux jours plus tard, la douleur me poignarde le bas-ventre et je suis transportée d'urgence à l'hôpital. Opérée. Comment l'a-t-il su ? À mon réveil il est là, près de mon lit. Il pose sa main sur mon front. Chaque jour il vient, il s'occupe de tout, règle tous les frais. Je suis faible ; comment refuser sa présence ? Un cauchemar, ça s'oublie ; la scène de l'autre soir finira par se diluer dans mon souvenir. C'est lui qui me sort de l'hôpital, m'emmène chez moi, en voiture, tendre, prévenant, comme savent l'être les michés. « Mais ce n'est qu'un miché ! » comme dit Lola, et je dois m'en souvenir. Imprévisible, n'offrant aucune sécurité.

Je commence à l'oublier, à espérer je ne sais quoi, que l'amour peut exister, pas celui dont on rêve, un autre, plus raisonnable.

Ma convalescence s'achève et Pierre m'annonce qu'il est désolé mais que vraiment pour lui ce n'est plus possible. Et pour moi cela l'était ? À peine avais-je appris à me contenter du temps qu'il m'accordait que, déjà, je n'avais plus rien. Déçue, amère, je lui dis qu'il a mal agi avec moi : « Tu as profité de mon affection, de ma tendresse, et maintenant tu te débarrasses de moi comme d'un paquet encombrant. »

Un paquet, ça n'a pas d'âme, pas de cœur... des chiffons.

Ses yeux clairs s'emplissent de larmes, il proteste : « Je ne veux pas que tu penses que je suis un salaud ! »

Stupéfaite, je le regarde pleurer et je le remercie pour ses larmes. Pouvait-il me faire un plus beau cadeau ? Jamais un homme n'a pleuré pour moi, sur moi. Elles atteignent leur but. Bouleversée, je m'oublie pour le rassurer. Il n'est pas responsable, c'est moi, j'avais un trop grand besoin d'aimer. « Tu ne pouvais pas le savoir. J'étais trop vulnérable et je me suis laissé prendre comme une midinette. »

Son regard est incrédule.

« Mais enfin, tout de même, tu connais les hommes. »

Comment lui faire comprendre que je suis aussi éloignée d'eux qu'une cloîtrée au fond de son couvent ? Je n'ai aucune expérience de l'amour. Je n'ai que celle du sexe.

Je suis revenue à mon travail mutilée par l'opération. Je ne sais pas si je croyais vraiment qu'un jour je serais une femme comme les autres, que j'aurais un enfant, mais profondément, physiquement, cela restait possible. Au bout de ma nuit, comme à la fin d'un tunnel, il y avait la promesse d'une lumière. C'était fini. Ravagée par des années de bordels, de prostitution, mon ventre était devenu stérile. On ne m'avait pas pris que ma liberté, on m'avait spoliée de mes possibilités de femme. C'était ce moment que Pierre choisissait pour me rejeter à son tour.

Dégoût, lassitude. Au bistrot, les copines s'inquiètent de ma mine défaite, de mes yeux gonflés. Elles me font la morale, la leur.

« T'as pas une tête à attirer le client. Faut te reprendre. Sans ça, t'as plus qu'à changer de métier.

Changer de métier ! si elles savaient comme j'y ai pensé, comme j'y ai cru, comme je n'y crois plus… Le choix, on ne me l'a pas laissé. Indifférente, je les entends reprendre leur antienne favorite, développer le thème du miché tellement cher à Lola. Elles y vont à fond, c'est pour mon bien : « Dans notre métier, faut pas faire de sentiment sinon on est foutue. Un micheton doit rester ce qu'il est : un mec qui paie. On lui en donne pour son argent mais pas plus. Faut être dingue pour s'amouracher de lui. Vaut mieux crever de solitude dans son coin que de lui faire confiance. Est-ce qu'ils te font confiance, eux ? T'es rien qu'un moment. »

Un moment. Pourquoi ai-je voulu être davantage ?

« Avec eux, faut même pas se laisser aller à jouir, même si c'est le plus beau des types, même s'il te caresse pendant des heures, faut rien leur donner. Et puis, d'abord c'est une sorte de taré, faut l'être pour payer l'amour. »

Mais aux yeux des clients, il faut aussi l'être pour se faire payer. Une sorte de réciprocité s'établit entre l'argent donné et accepté. Une salissure mutuelle. Je vais trop loin, je dérape, ce sont elles qui ont raison. Elles assurent leur protection.

« Faut pas vouloir changer de monde, le leur n'est pas fait pour nous. »

Et moi, je ne suis faite pour aucun monde.

Jamais la rue ne m'a paru aussi triste, hostile. Je déteste cette ville, malgré ses vitrines rutilantes, ses lumières multicolores. On y perd son âme.

« Circulez sinon j'appelle la police ! » nous disent, hargneux, les patrons des magasins sur le pas de leur porte. Il faut marcher. Je compte mes pas : cent, très exactement, le parcours de l'entrée de l'hôtel au coin de la rue Volney. Je suis lasse. Lasse de vendre de l'illusion, de mettre des dessous noirs garnis de dentelle, des bas noirs, de marcher sur des talons trop hauts. D'écouter les clients déverser le trop-plein de leur vie dans mes bras. Fatiguée de leurs peines qu'ils trimballent jusque dans cette chambre anonyme, fatiguée de ces étreintes mornes.

Que puis-je espérer de la vie ? Un avenir de trottoir. Ce matin, je me refuse à y retourner. Découragement, dégoût, une sensation d'inutilité paralysante, un refus de vivre la longue succession des matins et des soirs. Mais pourquoi m'y obliger ? Ce serait si simple de s'arrêter aujourd'hui. J'écris à Lola. Elle seule comprendra comment j'ai pu parvenir jusqu'au bout du désespoir.

Je ferme mes volets, je n'ai plus besoin du jour, je m'allonge. Je suis calme, détachée des choses de cette vie. J'avale une boîte de cachets, un somnifère prescrit après mon opération, et j'attends.

Mourir en m'enfonçant dans un sommeil paisible. Il vient ce sommeil que je veux mortel. Je n'ai pas peur. Je sais que je vais affronter quelque chose de terrible mais j'ai toujours pensé que cela ne pouvait pas être pire que la vie.

Je m'engourdis, enfin je vais atteindre le bout de ma nuit. Pourquoi me vient-il à l'idée de téléphoner à Pierre ? Ultime réflexe de conservation ? Je décroche l'appareil, fais son numéro et mes souvenirs conscients s'arrêtent là.

Je suis restée quatre nuits et trois jours dans le coma. J'en garde le souvenir d'un voyage fantastique et angoissant : je luttais contre des ennemis vêtus de blanc. Tout se déroulait au ralenti. Ces hommes me maintenaient attachée par les chevilles et les poignets à mon lit. Alors, moi, je guettais leur départ, leur inattention, pour me délier et m'enfuir ; il était vital que je leur échappe. Seulement, dès que je réussissais à libérer un pied ou une main, ils surgissaient, me plaquaient contre ma couche et resserraient tous les liens. Un combat épuisant. Bientôt j'ai commencé à entendre des bruits, je tendais l'oreille, et des cris me parvenaient. D'où venaient-ils ? Que signifiaient-ils ? Dans cet univers encore indistinct, il y avait quelque chose qui à la fois m'inquiétait et me rassurait. Entendre, c'était vivre et je n'avais pas suffisamment de conscience pour rejeter la vie. Puis j'ai pu, nouveau progrès, distinguer des ombres, des formes vagues que je ne parvenais pas à identifier. Elles étaient gigantesques : j'étais au fond d'un trou profond. Très haut, très loin, un plafond. Les hurlements deviennent plus distincts. Apparaissent deux formes blanches qui disposent autour de mon lit un paravent. Nouveau progrès, je pense : je suis dans un hôpital et dans cet endroit un paravent signifie qu'on vous isole pour que votre mort ne fasse pas peur aux autres. Un autre raisonnement m'atteint : ces cris que j'entends, ces hurlements, c'est peut-être moi qui les pousse ?

À nouveau je sombre, je m'enfonce dans mon univers de cauchemars. Puis, un matin, il me semble que je fais surface. Une lente remontée. J'émerge pour me rendre compte que je ne suis qu'une masse de chairs molles, abandonnées, que l'on tourne, retourne, pique. J'ai un masque sur le visage ; il gêne ma vision mais je respire facilement un air léger, c'est de l'oxygène que l'on m'insuffle.

Autour de moi, il n'y a toujours que des ombres. À force de regarder, je distingue un homme assis près de mon lit. Dès que j'ai l'œil ouvert, il m'interroge, avec rudesse.

« Combien de cachets avez-vous pris ? »

Je me tais, le chemin à mon cerveau est lent : des cachets ? quand ? combien ? je ne sais pas.

Il se fâche :

« Répondez bon sang ! Vous le pouvez, je n'ai pas que cela à faire, moi. Il ne fallait pas vous suicider ! »

Suicider. C'est ce que j'ai fait, bien sûr. Et je n'ai pas réussi. Tant pis. Que tout cela est fatigant.

Une femme se penche sur moi, ses larmes mouillent ma joue. C'est Lola qui m'embrasse en pleurant.

« Je suis venue tous les jours, j'attendais que tu sortes de tes vaps, que tu me reconnaisses. Comment as-tu pu faire une chose pareille ? Tu ne savais pas que j'avais besoin de toi ? »

Non, je ne le savais pas, je n'étais utile à personne.

« Tu peux pas t'imaginer dans quel état je suis depuis que tu as fait ça. Ne recommence plus. Jamais je n'oublierai ton visage gonflé, tes yeux exorbités, ta bouche grande ouverte qui cherchait l'air. Quand je t'ai amenée à l'hosto, le toubib y donnait pas cher de toi, y t'voyait perdue. Il a regardé tes mains et tu sais pas ce qu'il a dit ? "C'est dommage, elle a de jolies mains !" »

Je l'écoute. Les paroles qu'elle prononce viennent d'un autre univers que je n'ai pas encore réintégré. Je m'y intéresse poliment.

« Tu ne veux pas savoir comment on a pu te sauver ? »

Je crois que cela m'est encore indifférent mais je réponds oui.

« Eh bien voilà. T'as téléphoné à Pierre, t'avais une drôle de voix et il n'a rien compris à ce que tu lui disais. Faut reconnaître qu'il n'a pas manqué d'intuition. Il a rappliqué. Il sonne, tape à la porte, appelle. Le silence. Alors, il prend peur et le voilà qui commence à démolir ta serrure. Tu connais les gens de l'immeuble, tout ce barouf ça leur plaît pas, ils ouvrent leur porte, sortent et ils l'engueulent. Tu sais, toujours leur refrain : "C'est une maison honnête ici ! Laissez cette porte ou on va appeler la police ! – C'est ça !" qu'il leur répond continuant à essayer de forcer ta serrure. "Il faut que je rentre et je rentrerai" crie-t-il. Les connards lui disent : "Allez chercher un serrurier. – J'ai pas le temps !" Un vrai cirque. Ta porte, qui vaut pas grand-chose, a cédé. Il s'est précipité. Toi, t'étais déjà ailleurs, t'entendais plus rien. Alors, après avoir téléphoné à l'ambulance, il s'est pointé chez moi. Un coup de pot, j'étais pas partie. "Occupez-vous d'elle, qu'il m'a dit, accompagnez-la, moi je ne peux pas." Il est quand même resté jusqu'au moment où l'ambulance t'a embarquée. Il faisait une sale gueule, tu sais. Tout gris, il se mordait les lèvres, faut dire que t'étais pas jojo à voir.

» Le reste, tu le sais. Je t'ai accompagnée ici. »

Aimée, je suis aimée. Après Lola viennent Ida et Nisou. Elles emploient elles aussi des mots pleins de tendresse, me font les mêmes reproches. « Tu n'aurais pas dû nous faire ça. » C'est vrai, je n'aurais pas dû mais elles étaient toutes si loin ce matin-là...

J'ai attendu la visite de Pierre avec curiosité. Qu'allait-elle signifier pour moi ? Et maintenant c'est la honte qui m'envahit : « Il va croire que c'est pour lui que j'ai voulu me suicider. Alors qu'en cet instant je le vois tel qu'il est : banal. »

Il a la remontrance paternelle :

« Si tu as cru que tu allais t'endormir comme ça, tu t'es trompée, ce n'est pas si facile de mourir. »

Il se trompe, la première fois quand on ne sait pas, qu'on n'a jamais essayé, c'est facile, si rassurant. Il poursuit, grondeur :

« Tu n'as réussi qu'à te rendre malade, te détraquer... »

Détraquée, je l'étais déjà profondément mais pas comme il l'entend.

Il me sourit, il est fier de lui : mon sauveur.

J'ai envie de l'embrasser comme un frère, de lui tapoter la joue comme à un enfant. Pour lui, j'aurai été une expérience intéressante, une aventure un peu dangereuse. Il s'éloigne et ne reviendra plus jamais.

L'hôpital Fernand-Widal n'est pas tout à fait un hôpital comme les autres, c'est un peu celui de la dernière chance. Ici tout est mis en œuvre pour arracher à la mort ceux qui se sont épris d'elle avant son heure. Convalescente, je parle avec mes camarades de lit, tous sont des rescapés. Nous n'avons plus tout à fait le même regard que les autres. Une curieuse pudeur voile nos propos. Ici, ce ne sont pas les récits de ventres ouverts, d'intestins raccourcis, de fractures, que l'on entend. C'est d'« elle », la mort, que nous parlons. C'est une amie rencontrée au détour de notre chemin, une amie qui nous avait séduits, que nous avons voulu rejoindre et qui nous a abandonnés, nous laissant seuls avec le sentiment amer d'un échec, qu'il faudra oublier. Nous allons repartir, affronter à nouveau la vie, mais tout sera différent. Nous portons en nous l'expérience d'une approche que nous savons unique, et la certitude que si nous recommencions, nous ne nous raterions pas. Elles demeurent douloureuses et présentes les raisons de cette attirance qui nous a fait basculer un soir, un matin.

Un homme âgé, usé, dit : « J'ai travaillé toute ma vie, très dur. Ma femme et moi allions prendre notre retraite. Elle est tombée malade, on n'a pas pu la sauver, alors… »

Une autre : « Je n'ai pas d'enfants, je n'ai pas d'amis. Toute mon existence a été consacrée au travail, mon seul espoir, la retraite… Elle est venue, avec la solitude. J'ai avalé un flacon de chloroforme. »

Tous, nous avions le sentiment de notre défaite, de notre abandon. C'était cela que nous avions en commun.

Cependant le suicide n'est pas considéré comme un acte normal, et le médecin me pose des questions :

« Pourquoi avez-vous fait cela ? »

Je vais au plus simple mais pas au plus vrai ; je réponds : un chagrin d'amour.

Il a presque un sourire.

« Allons, vous êtes jeune, vous guérirez, vous aimerez encore, vous verrez ! »

Point n'est besoin d'avoir fait des études médicales pour cette réponse qui n'est qu'un aveu d'impuissance.

Que veut me prouver cet autre, psychiatre, qui m'interroge avant de m'autoriser à sortir ? Je me soumets, plutôt de mauvaise grâce, à ses questions. Qu'importe de savoir de quoi sont morts mes parents ? Mon cas est celui d'une vivante. Quelle réponse va m'apporter leur mort ?

Nous n'avançons pas beaucoup, ni lui ni moi, j'ai un sentiment profond d'inutilité.

« Vous avez un nom israélite, n'est-ce pas ? »

J'apprécie israélite, il craint de me blesser en employant le terme juif.

Il poursuit : « Inconsciemment, vous subissez l'atavisme de votre race qui est de se croire maudite. » Songeur, il répète : « atavisme ».

Le voici le mot clé : je me suis suicidée par atavisme. Enfin, je connais le nom de cette maladie qui me détruit depuis tant d'années, il est peu scientifique mais il dit bien ce qu'il veut dire. Malheureusement, aucune prescription contre l'atavisme. C'est un mal profondément inscrit dans ma chair, transmis par de lointains parents. Un lourd héritage qui nous a poussés à errer de pays en pays, à vivre sur des terres hostiles, nous berçant de chimères. Le Juif errant ne dit-il pas : « Je cherche mon pays, et je n'ai pas de pays. »

Aujourd'hui, mes rapports avec la mort se sont normalisés. Je n'en parle pas. Pourtant, j'ai d'elle des souvenirs lumineux, gais. Lorsque j'étais une petite fille, là-bas, en Algérie, ce n'était pas cette chose terrifiante, cette solitude glacée rencontrée dans nos grandes villes. Quand l'un d'entre nous disparaissait toute la communauté juive se resserrait autour de lui. Les femmes, les hommes, les enfants, les jeunes, les vieux, le rabbin, tous et chacun s'associaient à ce chagrin, se rassemblaient autour de la famille. Qui alors aurait pu se sentir seul au centre de la peine ? Les pleureuses entouraient le mort, le pétrissaient, le lavaient. Elles se griffaient le visage, gémissantes et pleurantes. Elles transcendaient la douleur, lui donnaient de grandes ailes noires qui l'élevaient très haut. Nous participions à ce rite dans une sorte d'exaltation, nous prenions les mains du mort, les caressions, lui disant combien nous étions tristes de le voir nous quitter. Dépouillé de cette fausse pudeur que l'on affiche ici, ce déchirement venu des temps passés était d'une grande beauté.

Le cimetière n'était pas un lieu triste, plutôt un grand jardin, les tombes ne l'écrasaient pas de leur faste. Sur de simples dalles, les visiteurs déposaient, en signe de leur passage, un petit caillou. Le soleil, le parfum de la nature, celui des essences diverses des arbres, emplissaient nos cœurs de paix.

Qu'il ferait bon dormir là.

Vie ratée, jeunesse ratée, amour raté, suicide raté... Je retourne au trottoir : mon univers, ma famille, mon foyer.

# 10

Très découragée, je vis de plus en plus refermée sur moi-même. Je me sens fragile et vulnérable. J'évite au maximum tout ce qui peut me blesser, c'est une lutte de tous les instants. Je passe des nuits blanches à fumer, à réfléchir. Néanmoins, j'essaie de m'organiser. Je prends des cours d'anglais, pensant que cela pourra me servir un jour.

Ma rencontre avec Lucien est des plus banales. C'est un client qui me fait signe et que je suis.

Une semaine s'écoule après sa première visite et je le revois un après-midi. Cette fois, il est en voiture et me fait signe de monter près de lui. Nous allons dans un café, assis confortablement nous discutons. Il s'intéresse à moi, me demande comment je vis. Je lui dis que je n'aime pas ce que je fais mais que je n'ai pas d'autre moyen de subsister.

Il me propose alors d'assurer mon existence pour me permettre d'arrêter la prostitution.

C'est ainsi qu'a commencé notre liaison.

Je déménage, grâce à lui, car il est dans l'immobilier et cela lui est facile. Je laisse tous mes meubles pour la saisie et je ferme la porte sur un passé que j'exècre. Je suis décidée à changer de vie totalement, je suis sincère et je me donne à corps perdu dans ce changement.

Le danger, je ne l'ai pas repéré, j'étais trop naïve malgré mes apparences de femme avertie. Je ne m'étais pas encore frottée à ce monde que je jugeais, moi, normal. Je me suis laissé dévorer sans m'en rendre compte.

Lucien est marié. Dès le début de notre rencontre il m'a expliqué, posément, comme il fait toutes choses :

« J'ai une femme remarquable à tous points de vue. Nous nous entendons bien. Mais nous vivons un peu à côté l'un de l'autre. C'est une bonne camarade auprès de laquelle je reste parce que je n'ai rien à lui reprocher. »

Plus tard, ses confidences seront plus précises : « La plus grosse bêtise que j'ai faite dans ma vie, c'est d'avoir épousé Solange. J'ai su immédiatement que je ne l'aimais pas. Quand elle me touche, tout en moi se hérisse. Très vite, j'ai renoncé à lui faire l'amour. »

Ces phrases, pour les avoir beaucoup entendues, je devrais savoir qu'elles n'ont pas grande signification. Seulement, cette fois-ci j'y crois. Elles sont comme une espérance sur laquelle je n'ose m'attarder mais qui existe. Et c'est peut-être à cause de cette espérance que nous aurons notre première brouille.

Lucien a immédiatement pris ses habitudes, réglé notre vie. Il vient me voir tous les après-midi. Parfois nous déjeunons ensemble, rarement nous dînons. Pour lui, j'ai appris à faire la cuisine. Plus qu'un gourmand, Lucien est un avide de nourriture et son bel appétit me ravit. Il ne laisse rien dans son assiette. Il lui arrive, lorsqu'elle est vide, de prendre dans la mienne ; un geste qui m'attendrit, une façon, me semble-t-il, de se nourrir de moi. J'ai tellement envie de donner, tellement besoin d'être nécessaire à quelqu'un. Viendra un jour où il ne se contentera plus de nettoyer mon assiette, il y déposera ses détritus.

Nous n'en sommes pas là et je l'attends avec patience, ne vivant ma nuit et ma journée que pour l'instant où j'entends tourner sa clé dans la serrure. Semaines et mois passent, pour moi monotones. Je n'ose pas sortir de crainte qu'il n'arrive : très souvent, il me rend visite entre deux rendez-vous d'affaires.

« Je ne peux pas toujours te dire l'heure. Attends-moi. »

Il n'a pas prononcé : « Tu n'as que ça à faire ! » seulement tout dans son attitude le dit. Peut-être suis-je trop sensible ? J'ai besoin de son estime et sa désinvolture à mon égard est tout le contraire. Aussi, cette fois, lorsqu'il me dit : « Je passerai demain », je lui réponds :

« À quelle heure ?

– Tu le verras.

– Non, car j'ai décidé de sortir. »

Il n'accepte pas cette manifestation d'indépendance qu'il considère, non sans raison, comme une révolte. Nous nous disputons. Il part. Est-il en colère ? Il n'en a pas l'air. Lucien se fait gloire d'être toujours maître de lui. Une froideur qui m'exaspère, à laquelle ma sensibilité se heurte. J'ai un si grand besoin de me confier, de m'expliquer. Parfois, j'ai la sensation que sans être écoutée, comprise, je ne pourrai jamais être sûre d'être admise dans cette société qui ne m'a jamais acceptée, m'a brutalisée, marquée dans mon corps, dans mon esprit, dans toutes ces couches profondes que je définis mal et qui font mon être.

En refermant cette porte, que j'ai tellement de joie à entendre ouvrir, Lucien m'a consignée, me semble-t-il, dans un grand vide froid, désespérant, qu'il me faut fuir.

Comme les animaux, j'ai des réactions instinctives. Elles m'ont bien souvent sauvée. Alors, je fais ma valise et je pars pour le Limousin où m'accueille une amie de Nisou.

Aujourd'hui, il m'arrive de penser que je n'aurais jamais dû revenir et profiter de cette alerte pour travailler comme j'en avais eu l'idée. Elle avait été suffisamment précise pour que je parcours les petites annonces.

Dans les bistrots où nous allions avec les copines nous détendre un instant, je voyais des hommes, des femmes devant un café, un blanc, déplier leur journal, se plonger dedans. Avec un crayon, ils cochaient ce qui pouvait leur convenir et les filles ricanaient : « Vise, le boulot qui cherche du boulot ! Je voudrais pas être à sa place. Pointer tous les matins, être attaché à sa machine... » Des mots qui leur faisaient penser qu'elles avaient la bonne planque.

Moi, j'aurais voulu être à leur place. Le travail, dans mon idée, c'était la liberté. Plus de flics, plus d'amendes, plus de petits matins à Saint-Lazare, plus de clients. Échapper au milieu et à ce milieu.

Maintenant, c'était peut-être le moment de tenter de m'en sortir complètement. Si j'étais une femme libre, qui ne dépende plus de lui, Lucien me considérerait autrement. Je deviendrais semblable à lui. C'est presque avec respect que j'aborde cette lecture, tout de suite décevante. Les petites annonces sont classées par catégories, je n'appartiens à aucune. Où donc est ma place ?

Assez désemparée, irrésolue, je rentre, et, brusquement, tout change. Lucien abandonne sa froideur, perd sa retenue. Il m'assure qu'il n'aime que moi, qu'il a besoin de moi, que je lui ai manqué. D'ailleurs, il va venir habiter ici. Dans son élan, il m'affirme qu'il est prêt à divorcer. Je pleure d'émotion, de reconnaissance éperdue. Je l'aime.

À partir de ce soir-là, nous allons parcourir deux chemins parallèles, semblables à des rails qu'aucun aiguillage ne ferait se rejoindre.

Je pense, avec une ferveur passionnée, à cet homme. J'imagine notre mariage. L'attendre des journées entières ne me coûte pas. N'est-ce pas ainsi que vivent des centaines de milliers de femmes ? Je tiens son ménage, repasse son linge, m'occupe de lui, m'identifie avec bonheur à ce rôle de femme au foyer. Je ne demande rien d'autre.

De son divorce, il n'est pas question. Méticuleux, maniaque de l'ordre, Lucien a organisé sa vie : le soir, il rentre chez nous, le matin, à neuf heures, il va chez sa femme comme on va au bureau. Je n'ose rien dire. Depuis que nous habitons ensemble, nous ne faisons l'amour que le samedi après-midi. Ce qui à une autre femme paraîtrait, peut-être, normal ou possible, me touche désagréablement. Lucien, c'est mon client du samedi.

Auprès de moi, pour me guérir de ce que les hommes m'ont fait, il me faudrait un homme sensible, compréhensif, ouvert. Lucien n'est rien de tout cela. J'ai besoin qu'on me parle, qu'on m'aide à m'adapter. Qu'on m'instruise aussi, j'ai tellement envie d'apprendre.

Quand j'essaie de le lui dire, il me répond : « Mais, ma pauvre petite, tu ne comprendrais pas. » Et il m'arrive de le croire.

La vie de Lucien s'équilibre entre ses deux ménages, dans la proportion même où la mienne s'en trouve déséquilibrée.

Et c'est ainsi que tout va se dégrader progressivement. Je ne sais pourquoi, sans doute sa femme l'a-t-elle désiré, Lucien me la présente. Nous passons même un week-end chez elle, en Normandie, et je m'offre le luxe, car dans ma situation c'en est un, d'être jalouse. De la part d'une autre femme, ce serait normal, pas de la mienne. Devant leur complicité que j'envie, je craque.

Sévèrement jugée par tous, réprimandée sèchement par Lucien, je crois ne m'être jamais sentie aussi seule, aussi abandonnée. Je me trompe, je vais connaître pire.

C'est probablement intentionnellement que Lucien aiguille la conversation sur sa précédente maîtresse, qu'il n'avait pas connue sur le trottoir mais par relations : « Une femme charmante, je l'aimais bien. Je l'ai gardée longtemps.

– Et tu n'as jamais pensé à l'épouser ?

– C'était ma maîtresse, je ne vois pas pourquoi j'en aurais fait ma femme. »

Avec une phrase comme celle-là je peux vivre pendant des jours, des mois, me blesser. Pleurer des heures entières.

Il ne divorcera jamais. Mais je veux le lui entendre dire. Écraser définitivement cette espérance. Je rassemble mes forces et lui rappelle ses paroles : « Je vais divorcer. »

« Divorcer, mais ma pauvre enfant, je risquerais ma peau. »

Imaginant, sottement, un danger physique, je m'inquiète à tort. Il ne s'agit que d'intérêt.

« Nous sommes liés, Solange et moi, par nos affaires. Marié sous le régime de la communauté, je serais obligé de tout partager avec elle. Ce n'est pas le moment, quand mes affaires sont en plein essor, de procéder à une semblable liquidation.

– Comment peux-tu sacrifier à l'argent ta tranquillité, ton bonheur, et moi ?

– Mais je ne sacrifie rien du tout, je t'ai. »

C'est vrai, il m'a. Engluée dans cette semi-tranquillité comme une mouche dans une toile d'araignée. Tenue fermement en main. Privée d'argent, j'en ai moins que jamais. Obligée de mendier pour avoir un vêtement, un sac, ou de quoi faire les courses, je suis, par certains côtés, moins libre que lorsque j'étais enfermée dans le quadrilatère des rues qui formaient mon territoire. Insensiblement, sans que j'en aie conscience, ma volonté s'effrite comme se sont effrités nos projets de divorce, de mariage. Je comprends que j'ai rêvé trop haut, hors de ma portée.

Lucien ne cesse de me répéter que je suis faible, lâche, que c'est l'effort qui rend fort. Qu'évidemment je n'en ai pas l'habitude. Qu'en sait-il ?

Je crois bien que je restais avec lui parce que je ne savais pas où aller et que, par moments, incorrigible, j'essayais encore de me convaincre que cet homme était comme tous les autres, ni meilleur ni pire, que nombreuses étaient les femmes qui s'en accommodaient. Elles savaient s'organiser une vie acceptable. Comment l'aurais-je pu ? Je n'avais pas d'amis, pas d'argent pour sortir, aller au cinéma. Lire était ma seule distraction, mais avec qui en parler ? Lucien ne s'intéressait pas à mes lectures et méprisait mes remarques. Lorsque nous sortions ensemble, allions voir un film, il n'en discutait jamais avec moi. Sans doute gardait-il ses remarques, ses impressions pour d'autres.

Peut-être l'aurais-je quitté, probablement même, si nous n'avions pas vécu un de ces instants dont on dit qu'ils sont privilégiés.

Au cours d'un voyage en Provence, un matin où le soleil se levait sur la campagne, il a été à nouveau proche de moi. Sans que je le lui demande, il a arrêté la voiture sur la place d'un petit village. À la fontaine, l'eau coulait avec un bruit clair, joyeux. J'y ai trempé les mains. Elles en ont conservé la fraîcheur. Puis, à la sortie du pays, ensemble nous avons découvert un terrain en pente douce, planté d'oliviers. Un coq chantait, au loin. Un matin que l'homme n'avait pas encore foulé, qui sentait les herbes de Provence. Dans ce soleil, je retrouvais un peu de la terre, des parfums de mon pays, j'ai eu envie d'y rester. Que ça dure très longtemps, toujours… J'ai dit : « Si tu achetais ce terrain ? » Il a soupiré : « On doit être bien ici, on ne doit pas y être tourmenté par les questions d'argent. »

Nous exprimions différemment une sensation proche.

Lucien a acquis le terrain, fait bâtir très rapidement une maison suffisante pour nous, une sorte de bergerie en pierres du pays. Je l'ai adorée avec son jardin sauvage, rempli de plantes folles, généreuses, planté d'oliviers et d'un sorbier, que j'ai tout de suite baptisé « l'arbre aux oiseaux ».

Je vis tout un été dans cette maison terminée dès le printemps. J'y reste seule, heureuse. Sur ma demande, au mois de septembre, avec les fermiers voisins, je récolte les petites étoiles blanches du jasmin. Algérie, que tu es proche.

Au début d'octobre, je rentre et je retrouve le Lucien d'avant la trêve, lointain, indifférent. À nouveau je me demande ce que je fais à ses côtés, je me demande même qui je suis. Je ne possède rien. Toutes mes tentatives de rapprochement avec Lucien échouent. Parfois j'ai envie de crier : « Réponds-moi, parle-moi, je ne peux plus vivre comme ça ! », et je me tais. Il a horreur des démonstrations, quelles qu'elles soient. « Une femme bien élevée se domine. »

C'est dans ce climat déprimant que Lucien me fait une offre.

« Comme tu le sais – je ne sais rien – j'ai décidé de faire agrandir la petite maison du Midi. Ce sera un bon placement. Les travaux dureront environ un an et demi, disons deux, et j'ai pensé que tu pourrais habiter là-bas durant tout ce temps. Pour les surveiller.

– Toute l'année ! et tu viendras quand ?

– Les week-ends. »

Est-ce une façon de se débarrasser de moi ? Je ne suis pas indifférente. Cela n'est pas dans mon caractère. Mais ma résistance est brisée. J'accepte.

Ce jour-là, je n'imagine pas ce que peut être un chantier, je n'en ai aucune idée. Sans doute, me semble-t-il que l'on peut agrandir la maison sans la transformer en ruine. Reléguée dans le coin d'une pièce épargnée, je vis dans les gravas. Ils envahissent le jardin. Les ouvriers sont sans pitié pour les plantes, les fleurs, que je dégage de mes mains, lave de la poussière des plâtres.

Cet endroit où j'ai été heureuse, où j'ai vécu apaisée, au milieu d'une nature que j'aime, va progressivement se défigurer.

Je ne suis plus chez moi. Chassés par le bruit, la présence brutale des ouvriers, les oiseaux sont partis. C'est peu de chose, mais ces riens-là comptent. Ma vie en est faite puisqu'il n'y a rien d'autre dedans.

Le samedi matin, avec la 2 CV, je vais chercher Lucien à la gare de Cannes. À peine s'il me dit bonjour. Quand il me demande « Ça va ? » il s'agit de l'état du chantier et non de ma santé. Ses sourires, ses rires, il les réserve à l'entrepreneur, M. Pietri, et aux ouvriers.

À midi, je le sers debout, il ne me laisse pas le temps de m'asseoir. « Dépêche-toi ! Tu mangeras après, tu as tout ton temps, toi. »

Parfois, il va se promener en voiture, dans la montagne proche. Je ne l'accompagne pas. Reste, les ouvriers pourraient avoir besoin de quelque chose. Moi, je vais respirer un peu d'air pur, c'est bon pour ma santé. Tu as de la chance d'être ici. »

Le soir, il mange hâtivement, se couche très tôt, pour récupérer, comme il dit, sa nuit passée dans le train. Il s'endort sans même penser à me dire bonsoir.

Depuis que je suis ici nous ne faisons plus l'amour. Nous ne le ferons plus jamais.

Le lendemain, il parcourt son chantier, déjeune et fait la sieste. Il est déjà l'heure du départ. Son dernier geste avant de partir : ouvrir la porte du réfrigérateur et constater : « Tu as ce qu'il faut pour la semaine. » Il ne me laisse pas d'argent ni de crédit chez les commerçants, le samedi matin il fait les achats pour cinq jours. Il paie. Je porte.

Depuis j'ai souvent pensé à cette histoire d'argent. Lucien n'était pas d'un tempérament généreux, l'argent comptait trop pour lui. Il n'était pas non plus avare. Je crois que c'était une manière de m'enfermer, de m'obliger à rester chez moi. Là encore je peux me demander : si nous nous étions connus autrement, aurait-il agi ainsi ? Quelle assurance prenait-il contre moi en me supprimant l'argent ? Cela pouvait être inconscient. Cela l'était-il ?

Quand nous arrivons devant la gare il me demande : « Reste au volant, inutile de m'accompagner. À la semaine prochaine. Sois sage. »

Le week-end est terminé.

Je l'attends comme si la fois suivante tout allait être différent.

Mes journées sont longues, surtout les jours de pluie, de mauvais temps où je ne peux pas jardiner. Où les ouvriers ne viennent pas. Où je ne dis bonjour, au revoir à personne. Ce sentiment d'abandon, d'inutilité, de n'être rien, agit progressivement sur moi. Jour après jour, il va me détruire.

La solitude, il y a longtemps que je la connais. Je n'ai vécu qu'avec elle dans mes chambres closes. En quoi, ici, ma chambre est-elle différente des autres ? Belle, agréable, confortable, bien qu'encore inachevée. Seulement je ne peux pas échapper à ces quatre murs, ils me retiennent prisonnière. La volonté d'un homme de me tenir enfermée suffit. D'un homme dont j'ai attendu la vie, la liberté. Dois-je croire à une fatalité qui remonte du fond du quartier juif ? Je suis prête à croire à n'importe quoi. De plus en plus coupée du monde extérieur, je n'ai même plus envie d'écouter la radio. Je n'ai pas de journaux, avec quoi les achèterais-je ? Je n'ignore pas qu'il existe un monde où l'on vit, l'on travaille, l'on aime. Un monde qui n'est pas pour moi. L'a-t-il jamais été ?

Superbe, la nouvelle maison grandit, absorbe la petite ; mais au fur et à mesure de sa croissance, je me détruis. Tout se passe comme si elle se nourrissait de moi.

L'été est loin. L'automne va finir. Ce sera mon second hiver. Lorsque j'ouvre la porte, l'odeur mouillée que la terre exhale entre avec les feuilles mortes, dans la maison aux plâtres humides. Les oiseaux sont devenus rares. Les migrateurs se sont rassemblés. Je les ai vus partir pour les pays chauds, le mien. Beaucoup n'atteindront pas le soleil. Les nuages s'amoncellent, le tonnerre gronde dans la montagne, le vent qui en vient, par bourrasques, secoue les arbres, retourne les feuilles argentées des oliviers. L'un d'entre eux me paraît très vieux, épuisé, je redoute sa mort et le soigne.

Longuement, je regarde la terre s'endormir, je voudrais hiberner avec elle.

Mes journées n'ont qu'un but : franchir l'une après l'autre chaque nuit. Incapable d'ordonner mes pensées, de les maîtriser, de supporter la maison, lorsque le temps le permet, je me glisse dans la 2 CV avec ma chienne et une couverture. Je la conduis jusqu'à la place du village, déserte à cette heure, je m'y arrête et je reste là, dans la voiture, jusqu'au lever du jour. Ici, je me sens à l'abri, protégée par les murs, les maisons serrées les unes contre les autres, autant de remparts. Des gens y vivent, y respirent, y aiment, que l'amour des autres me fait envie ! Je suis près d'eux, ils ne savent pas que je leur vole leur présence, que je m'approprie leur chaleur, leur foyer, jusqu'au petit jour où je regagne ma grande bâtisse sans âme.

Ainsi j'ai gagné des jours, des semaines, mais pas le repos. Il y a les jours de pluie, les jours de vent et de tempête. Les ouvriers ne viennent pas travailler. Enfin, une éclaircie, le beau temps revient et va les ramener, je pourrai échanger quelques mots avec eux. Offrir une tasse de café à Gaspard. C'est le beau-frère de M. Pietri. Un gars taciturne mais qui ne me regarde pas comme les autres, ne participe pas aux récits de leurs exploits dans les bals du samedi soir. Chaque lundi, ils en parlent haut, se vantant de leurs prouesses sexuelles avec des mots, des gestes d'une obscénité appuyée, voulue. J'ai l'impression que ce complaisant étalage fait, devant moi, par ses collègues, gêne cet homme timide, au physique sombre de Méditerranéen, aux yeux verts. Un matin qu'il faisait froid, je l'avais invité à rentrer pour boire un café. C'est un peu devenu une habitude. Presque chaque jour, il vient me dire bonjour à l'heure du petit déjeuner, sous le regard narquois des autres.

Après quinze heures de silence, quand ça n'est pas davantage, je parle enfin à quelqu'un qui m'écoute. Je ne sais même pas si je peux faire confiance à cet homme qui n'est peut-être différent des autres qu'extérieurement. Qu'importe, parler est devenu pour moi plus vital que de me nourrir.

Ce matin-là, j'ose lui dire combien je me sens seule, qu'avec l'hiver les soirées sont longues, surtout les nuits.

Il hoche la tête, pensif, il comprend ; son regard s'attarde un instant sur moi, puis se repose sur ses mains épaisses, brûlées par le ciment.

« Moi, je trouve que vous avez du courage. Voyez, à votre place, j'accepterais pas d'être seule dans cette maison qu'elle est même pas finie. Notre pays, il est petit, les gens se connaissent tous, alors ils causent entre eux. Ils se demandent pourquoi vous vivez sans fréquenter des personnes, des amis. Dans notre région, ça manque pas, le Parisien. Alors, ils se disent comme ça que votre mari il vous a jetée là pour se débarrasser de vous. Peut-être qu'il a une maîtresse à Paris ? »

Je ris brièvement. Vexé, il se renfrogne.

« Ne vous fâchez pas. Je ris parce que c'est tout le contraire, à Paris il est avec sa femme et c'est moi sa maîtresse.

– Boudiou ! Je croyais que les hommes qui avaient une maîtresse, c'était avec elle qu'ils étaient le plus gentil, je ne sais pas moi, le plus amoureux… »

Moi aussi je le croyais. Que ce soit si visible me fait mal.

Après son passage, tout retombe dans le silence.

Cette lente destruction qui s'opère en moi m'angoisse. Je dors mal, à peine quelques heures, je ne mange presque plus, un peu de pain, une poignée d'olives et j'ai de plus en plus peur la nuit.

Alors, une fois encore je me tourne vers Lucien. La maison est presque achevée ; l'hiver et le mauvais temps pendant le week-end l'obligent à rester davantage auprès de moi. Je tente de l'intéresser à mon existence, je vais même jusqu'à l'appeler au secours. Il me trouve mélodramatique, assommante. « Tu as tout ce qu'il te faut ici. De quoi te plains-tu ? Bien des femmes voudraient être à ta place. »

Je pleure et il hausse le son de sa chaîne hi-fi.

Je vis dans l'ombre d'un homme qui n'a fait que m'ignorer, ne s'apercevant de ma présence que pour me renier.

Trop souvent, rencontrant dans la rue un ami, il m'a plantée là, sur le trottoir : « Attends-moi. » Il ne revenait qu'au bout d'une demi-heure, d'une heure, sans se soucier de mon humiliation. Cet été, il a fait mieux. « Demain nous irons à la plage, nous nous baignerons et on y déjeunera. » J'investis dans cette journée toutes mes espérances ravalées, je l'imagine réussie, un Lucien retrouvé. À peine sommes-nous arrivés qu'il me dit : « Un client à voir à cinq kilomètres, je n'en ai pas pour beaucoup plus d'une heure, baigne-toi en attendant. »

En maillot de bain, pieds nus, je l'attends : l'heure du déjeuner, puis du goûter pour les enfants, puis celle du dîner passent. Je vois, un à un, par petits groupes, les gens déserter la plage. J'ai froid, mes vêtements sont restés dans la voiture. La nuit est déjà là quand il revient. Pas un mot d'excuse, une vague explication : « Il a voulu voir ma maison… »

Comment puis-je accepter cela ? Parfois il me semble que je n'ai plus de réalité, plus d'existence propre. Je n'ai pas de domicile, je passe pour la femme de Lucien et je ne le suis pas, même pas sa maîtresse. Comme on le faisait dans les bordels, il a changé mon prénom pour celui de Sophie. Qui connaît Germaine ici ?

Souvent je me pose cette question : que vais-je faire dans quelques mois quand les travaux seront achevés ? Je vais rentrer à Paris, vivre séparée de Lucien ? Pour y faire quoi ? Redevenir une prostituée ? Ce n'est pas possible. Je ne le pourrai plus.

Mais pourquoi ne m'entend-il pas ? Ne m'écoute-t-il pas ? Tout serait si simple. Je m'accroche à lui. Je tape des poings contre le mur qu'il m'oppose, je m'y écorche. Je m'obstine à croire qu'au départ notre couple était condamné. Comprendre cela, c'est comprendre que ce passé m'a marquée trop profondément. Que mes rapports avec les hommes sont faussés. Il me faudra beaucoup de temps pour renoncer à toute une partie de ma vie de femme et découvrir que, comme les handicapés, on peut vivre mutilé, on peut vivre « bien », d'une autre façon. Je n'en suis pas là et ce matin, après une nuit plus éprouvante que les autres, je craque.

C'est un véritable appel au secours que j'adresse au médecin. Je ne sais plus ce que je lui ai dit, je me souviens d'avoir crié : « Huit jours qu'il pleut, huit jours que je n'ai parlé à personne. »

Il est venu très vite, il m'a écoutée.

« Madame, un changement vous ferait du bien. Un séjour à Paris...

– Non, mon mari préfère que je sois ici.

– Vous pourriez passer quelques jours dans un hôtel.

– Cela ne lui plairait pas.

– Voulez-vous que je vous prescrive une quinzaine de jours dans une maison de repos ? Votre tension est basse, vous avez besoin de prendre quelques kilos, de dormir... »

Lucien acceptera-t-il cette solution ? Le hasard, je le juge providentiel, veut qu'à cet instant le téléphone sonne.

« Il y a grève de la SNCF. Je ne viendrai pas ce week-end.

– Lucien, je quitte la maison, je suis malade. Le médecin m'emmène dans une clinique, il est à côté de moi, il va t'expliquer. »

Le Dr A. donne des précisions sur mon état, explique la nécessité d'un traitement. Un changement dans sa voix m'alerte, j'écoute ; le médecin rencontre, me semble-t-il, une résistance, il discute, argumente, son ton est devenu sec. Je prends le deuxième écouteur, Lucien est ferme :

« Docteur, je suis très ennuyé, cela tombe mal. Mes affaires ne me permettent pas une telle dépense. Dans l'immédiat, je m'oppose formellement à son hospitalisation dans une clinique, je n'en assumerai pas les frais. »

L'entrevue que Lucien, deux semaines plus tard, a eue avec le médecin n'a rien changé. Il refuse que l'on me soigne. C'est ce jour-là que j'ai pris la décision de partir.

J'attendrai encore un mois avant de faire mes valises. Et, lorsque je dirai à Lucien : « Je vais te quitter », il ne me croira pas. Il haussera les épaules : « Ma pauvre enfant, regarde cette maison, ce jardin. Ne sois pas sotte, laisse-toi vivre... Et puis où iras-tu ? Que feras-tu ? »

Le dialogue était terminé. Entre nous, il n'y en avait jamais eu.

Seulement Lucien avait raison sur un point : je ne savais pas où aller. J'ai pensé à Gaspard : « Si un jour vous étiez seule, vous pourriez venir chez nous. Dans notre jardin, il y a une petite maison de deux pièces que vous pourriez habiter. Cela vous donnerait le temps de trouver du travail. »

J'y suis allée.

# TROISIÈME PARTIE

# 11

Mon bilan est vite fait : j'ai quarante-quatre ans et pour la première fois de mon existence je ne dépends de personne. Espérer construire ma vie grâce aux hommes a été une folie. Depuis mon adolescence, j'ai tout attendu d'eux. Je sais maintenant que la seule manière d'accéder à l'indépendance est le travail. Je n'en ai que des notions abstraites, plutôt idéalistes : le travail vous sert à gagner votre vie, donc votre liberté ; c'est aussi une sorte de justification de votre existence.

Tout cela, c'était le côté face de la médaille, le côté pile allait durement me décevoir.

Je n'ignorais pas que le manque de diplômes, voire d'instruction, allait me rendre les choses difficiles. J'allais découvrir que mon âge et mon manque de références aggraveraient la situation.

Le Dr A. m'avait conseillé : « Partez à Paris. » Je n'avais pas l'argent du voyage. Il me paraissait raisonnable de le gagner ici où j'avais encore un toit, ce qui était un gros souci de moins. J'ai vendu une chaîne et une bague en or pour pouvoir attendre le moment où je toucherais ma paie. Un geste dont le symbolisme m'enchantait : je l'imaginais comme mon premier pas vers l'indépendance. J'étais incorrigible !

J'achète le journal local et en parcours les offres d'emplois. Pour moi, il n'y a pas grand-chose, je ne suis ni dactylo, ni comptable, ni secrétaire. Quelques places d'employée de maison. Je sais faire le ménage, la cuisine et si on ne me demande pas de références… J'hésite encore, j'aurais préféré le travail en usine. Pourquoi ne pas essayer cette cartonnerie du Plan-de-Grasse, zone industrielle, qui demande du personnel féminin non qualifié ?

Je m'y présente et on m'embauche sans me demander d'où je viens. Un contremaître en blouse, petit et sec, m'installe devant une machine à pédale, une agrafeuse, dont il me montre le fonctionnement tout en me disant : « Nous fabriquons des boîtes d'emballage pour les produits pharmaceutiques, la confiserie, les liqueurs. Nous étions à Nice et nous nous sommes décentralisés, ce qui explique que nous ayons eu besoin de faire appel à la main-d'œuvre locale, ç'a été votre chance, parce que la boîte embauche peu, les ouvriers sont fidèles. Une bonne partie continue à venir de Nice. »

De la chance, j'en suis consciente quand je vois sur la porte de notre usine une pancarte : « Plus d'embauche ».

Mon travail n'est pas difficile : les boîtes arrivent à plat, je dois les mettre en forme, les agrafer, mais la cadence est dure. La plus légère défaillance dans le rythme et le petit chef me tape sur l'épaule :

« Ne rêvez pas, allez plus vite. »

La lenteur des « locales » dont je fais partie fait ricaner les Niçoises. Leurs quarante yeux surveillent. C'est ma première découverte, j'imaginais le monde du travail solidaire.

Ma seconde découverte, c'est la pointeuse. En entrant, à sept heures, je mets ma carte dans la machine et chaque fois que je vais aux toilettes je pointe le temps de mon arrêt. Je dois huit heures au patron pour sept cent cinquante francs par mois. J'ai osé faire part de mon étonnement au comptable : « Comment vivre avec ça ? » J'insiste, c'est vrai, et en plus, car je ne suis pas la seule à le penser, c'est nous qui faisons le travail le plus dur. Étonné, il me dévisage : « Plus le travail est ingrat, moins il est payé, c'est normal puisque vous n'êtes pas spécialisée. Si vous aviez des ambitions, il fallait faire des études. »

Je n'ai pas d'autre prétention que celle de manger tous les jours. J'ai de gros frais de transport et à midi je dois me contenter d'une pomme ; les autres se payent la cantine, l'odeur de leurs plats chauds me parvient par les fenêtres ouvertes, il fait encore bon au soleil et je reste dehors. Le soir, sur le chemin du retour, je traîne des pieds rouges, enflés, des jambes alourdies par huit heures passées debout. Je longe la belle villa de Lucien ; il reçoit beaucoup, musique, cris joyeux, clapotis de piscine me parviennent, j'apprends même que l'on y tourne un film. Des bouffées de révolte me montent au cerveau, l'embrument. Jamais le sentiment d'injustice ne fut si fort en moi qu'à cette époque où je côtoyais, encore, le monde de Lucien et celui de l'usine.

Je me mis à consulter les petites annonces, espérant trouver quelque chose d'un peu mieux. Un emploi de femme de ménage dans une maison de retraite se présente. On m'offre cinq cents francs par semaine ; c'est inespéré, et je quitte sans regret mon agrafeuse, le contremaître et sa pointeuse moucharde.

Cette maison pour les vieillards, un univers clos étouffant. Beaucoup de pensionnaires, aigris par l'âge, sont exigeants. Nous devons les lever, les laver, les nettoyer, les faire manger.

À genoux, je frotte à la brosse de chiendent les carrelages, ne ménageant pas ma peine. Peine inutile. À la fin de la semaine la directrice me fait appeler :

« Pas la peine de revenir lundi, vous ne faites pas l'affaire. Voici vos gages. »

Je prends le chèque qu'elle me tend, il est de cent francs !

« Mais dans l'annonce vous donniez cinq cents francs par semaine.

– Vous n'en voulez pas ? Libre à vous.

– Et ma feuille de paie ?

– Vous étiez à l'essai, on vous l'enverra. »

C'est également ce que m'avait dit le comptable de l'usine.

À la banque de Cannes où je dois toucher mon chèque, le caissier, après m'avoir dévisagée, téléphone à la directrice pour savoir s'il doit me le régler.

L'humiliation, la rage me tordent les boyaux. C'est ça, travailler !

Je n'en suis qu'à l'apprentissage.

De tous côtés, on m'affirme qu'à Grasse il existe plusieurs fabriques de parfums où les conditions de travail sont bonnes, les salaires appréciables, les ouvriers syndiqués. Je tente d'y entrer mais, très vite, je comprends que cela n'est pas possible pour qui n'appartient pas à une famille du pays. C'est de tradition, on y entre de père en fils, de mère en fille. La place libre est attribuée d'avance à ces privilégiés.

Il ne me reste que les hôtels, les auberges, les places de serveuse ou de bonne.

Dans cette petite auberge à trois kilomètres de la maison, ce qui supprime les frais de transport, la patronne me jauge : « Il y a beaucoup de travail chez nous. J'aurais préféré une jeunesse. » C'est la première fois qu'on fait allusion à mon âge. « De toute façon j'avais demandé une débutante à cause du salaire. Vous commencez demain, apportez une jupe noire, je fournis le tablier blanc. » Je n'ai pas de jupe noire, j'en achète une, lourde dépense. Débutante je le suis quant au salaire comme les fois précédentes. Je prendrai ce que l'on me donnera. Ce sera deux cents francs par semaine, nourrie à midi. Le matin je mets la salle en état, fais le ménage de l'appartement des patrons, ensuite, je sers les repas du déjeuner, déjeune à mon tour, remets la salle en état, repasse les serviettes et les nappes. Il est huit heures quand j'arrive, dix-huit ou plus quand je m'en vais. Les pourboires sont partagés entre les membres de la famille, la mère qui tient la caisse, le gendre qui descend de Grasse faire la cuisine, la fille qui reçoit les clients et passe les commandes. Mais la patronne m'avait dit : « C'est à prendre ou à laisser. » Je ne laisse qu'au bout de deux mois, ce qui me vaut pourtant cette remarque : « Pour rester si peu de temps dans une place, vous ne devez pas avoir besoin de travailler ! »

Si, j'en ai besoin, mais je ne suis pas encore suffisamment « brisée » pour accepter d'être exploitée sans réagir, et je ne connais pas d'autre moyen que la fuite.

Les expériences du même style se succèdent. Pas une seule fois, je n'obtiens une feuille de paie assortie d'une inscription à la Sécurité sociale. Je continue à ne pas avoir de statut, à être en marge, mon intégration ne se fait pas. Cela me procure un sentiment d'insécurité déprimant.

L'hiver est passé, je l'ai vécu sans la possibilité de me chauffer ; la maison de Gaspard, où je suis encore, n'a pas de cheminée. Un radiateur électrique n'est même pas envisageable, hors de ma portée ; je grelotte pendant plus de cinq mois.

La peur du lendemain a remplacé celle des nuits qui m'apparaît avoir été une peur de luxe. Ces semaines sont difficiles à vivre, il me vient des regrets de confort ; ma solitude est épuisante, ma découverte d'un monde que j'imaginais très différent est difficile à surmonter. Ce sont des mauvais jours, trop nombreux, où je me demande pourquoi une telle dépense de forces. Où me mène-t-elle ? Et puis ces questions sont balayées par cette liberté qui est la mienne, elle me monte à la tête par bouffées, j'y trouve la réponse à toutes mes questions, la justification de mes peines. C'est une sensation jamais éprouvée. Il a fallu que j'attende d'avoir mon âge, celui où toute vie est déjà tracée, pour savoir que je peux penser, agir, diriger ma vie comme je le veux, que personne n'a le droit de me dire où je dois aller, m'imposer un mode d'existence. Depuis mon adolescence des hommes ou un homme m'ont prise en charge. Être ma maîtresse, avoir osé prendre ce risque c'est un cadeau que je me suis fait.

Patiemment économisé, j'ai enfin le montant du voyage pour Paris, mais je n'ai pas de quoi payer les premiers mois d'un loyer. Et je pense à Lucien. Pourquoi ne me laisserait-il pas loger au moins quelques mois dans notre ancien appartement qui est inoccupé ? Je lui écris dans ce sens et il accepte.

Je quitte ce pays qui m'avait redonné un temps le soleil de mon enfance.

À Paris je retrouve, sans émotion, l'appartement nettoyé de ses souvenirs. Nous sommes en automne et déjà il est froid. Comment alimenter la chaudière ? Qu'importe, c'est un toit et une adresse.

Presque immédiatement, je trouve une place de vendeuse dans une galerie de peinture à Montmartre. Toujours riche en illusions, j'ai pensé qu'à Paris les lois sociales seraient, au moins, respectées, que je n'y trouverais pas le laisser-aller méridional. Rien n'est différent. Le patron me fixe ses conditions : « Je vous paie au pourcentage sur les ventes. Mon affaire est trop petite pour que je puisse vous déclarer. Vous commencez à neuf heures le matin, nous fermons à minuit. »

Je suis obligée d'accepter ces conditions mais je continue à chercher. Très vite, je prends conscience du marché du travail parisien ; il est encore plus dur que celui de la Côte, les gens y ont d'autres exigences, ici, les références revêtent une réelle importance. À défaut, on exige de l'expérience. Je n'ai ni l'une ni l'autre.

« Vous avez des certificats ?

– Non. Mais je suis travailleuse, j'apprends vite. »

Un regard étonné, un sourire ironique, un geste de congédiement du chef du personnel.

« Madame, ce que nous recherchons c'est une professionnelle. »

Mon expérience du travail ne remonte qu'à dix mois, et elle m'a appris à me taire.

Abandonnant pour ce matin la galerie, je me présente dans une clinique. La directrice me reçoit presque aimablement et me demande : « Pouvez-vous commencer tout de suite ? » Et vêtue d'une blouse je fais les chambres jusqu'à midi.

« Vous serez de nuit, m'informe la patronne.

– Mais votre annonce demandait quelqu'un pour le jour.

– C'est une erreur de la part du journal. Si vous ne voulez pas, vous pouvez partir : voici dix francs. »

Où me plaindre ? À qui me plaindre ? Qui m'écoutera, me croira dans cette ville où l'on vous refuse de vous vendre une orange à la pièce ? N'a-t-on pas le droit d'être pauvre ?

Mon travail à la galerie s'est achevé dans des comptes sordides : « Ce tableau ce n'est pas vous qui l'avez vendu.

– Mais monsieur, j'étais seule quand le client est venu.

– Oui, mais c'est moi qui ai emporté la vente. Vous n'étiez pas capable de conclure, je ne vous dois rien. »

Pour trois semaines, je reçois l'aumône de quelques billets.

Je cours les petites annonces, téléphone, je passe mes journées sous terre dans les boyaux du métro, sans succès. Tandis que Lucien me harcèle :

« Je t'ai prêté l'appartement le temps de te dépanner, j'en ai besoin. Si tu veux y rester, paie le loyer et donne-moi une reprise pour mes installations. »

Je ne discute pas, ce terrain-là n'est pas le mien, mais je résiste. J'occupe.

« Si tu veux que je m'en aille, trouve-moi un local. »

Très vite – il a tellement peur que je m'incruste –, il me trouve, comme il dit, « quelque chose ». Une chambre de bonne, sans confort, au sixième étage d'un immeuble dans le

Marais, la vogue en commençait à peine. Le loyer est heureusement à ma portée. L'adieu de Lucien – nous ne nous reverrons jamais – est une recommandation : « Je t'ai mise dans un immeuble bourgeois, tâche de ne pas te faire remarquer ! »

Cette phrase est pour moi une révélation : pour Lucien je n'ai jamais existé autrement que conforme à l'image fixée dans sa tête, le schéma de la putain. Jamais il ne m'a vue autrement. Jamais il ne m'a séparée de ce cliché. Dès lors pouvait-il se comporter autrement et d'ailleurs n'était-ce pas cela qui l'avait attiré en moi ?

La boucle est bouclée, doublement. L'immeuble bourgeois est situé dans le quartier juif. Les juifs y sont chez eux, ils y vivent leurs traditions, y respectent leurs rites. Au passage, une synagogue laisse échapper un chant surgi de mon enfance. Les rabbins, le vendredi soir, s'y promènent traînant leurs enfants derrière eux ; c'est une vie paisible à laquelle j'aimerais m'intégrer, mais je ne puis pas. Je suis encore de nulle part, vraiment en marge. Peut-être est-ce moi qui m'y maintiens ?

Le soir, allongée sur mon lit, fumant une cigarette, je réfléchis, j'essaie encore maladroitement d'analyser les événements de ma vie, d'en tirer des conclusions. Je me heurte perpétuellement à la même chose : un jour serai-je capable de m'accepter telle que je suis ? Surtout accepterai-je celle que j'ai été ? Je ne cesse d'être paniquée à la pensée que quelqu'un pourrait découvrir mon passé. Je ne le surmonte pas. Je demeure hantée par l'idée d'être fichée à vie au service anthropométrique de la préfecture de police. J'imagine ma photo de face, de profil, portant un numéro, classée dans les archives. Sur ma fiche, à « signe particulier », ils ont mis : néant. Moi, j'y inscrirais plutôt : flouée. C'est un signe visible celui-là. Ça se devine du premier coup d'œil une femme flouée, on lui parle comme à une perdante.

Il l'avait bien perçu ce célèbre patron d'un salon de coiffure. On y demandait une caissière, je me présente.

« Vous répondez au téléphone, prenez les rendez-vous. Savez-vous compter très vite ? Vous aurez neuf cents francs par mois. On fait un petit test. »

Il le trouve mauvais.

« Vous ne valez rien. Je peux vous prendre comme shampouineuse au salon hommes. Ce n'est pas le même tarif, mais vous aurez les pourboires. Venez demain matin. »

Désastreuses, les circonstances font que je suis là avec une demi-heure de retard.

« C'est à cette heure-ci que vous arrivez ?

– Excusez-moi, monsieur, dans le métro je me suis trompée de ligne.

– Je m'en fous, allez vous faire enculer ! »

Être traitée de la sorte devant les clients. Je rentre écœurée, découragée. Un luxe qui ne m'est pas permis.

Le lendemain, je me cramponne et je repars au combat. Une place de vendeuse est offerte dans un grand magasin des Ternes ; je ne l'obtiens pas faute de références, d'expérience. « Si vous étiez jeune, on vous formerait, mais je peux vous prendre comme manutentionnaire. » Je ne tiens que quelques semaines. « Et encore, me dit la caissière, c'est un record. »

Cependant, c'est à une place de vendeuse que je vais rester deux ans, avec tous les avantages sociaux, dans la même maison d'importation d'objets d'Extrême-Orient. Jusqu'au moment où un matin, une camarade de travail, avec laquelle j'ai de bonnes relations, me dit :

« Dis donc, Mme R. m'a affirmé que sa fille te coiffait quand tu faisais le trottoir à la Madeleine. »

Inutile de nier. Je m'informe seulement.

« Crois-tu qu'elle l'ait dit à d'autres qu'à toi ?

– Certainement, bavarde comme elle est… »

Je ne revins pas. Le lendemain, j'envoyais une lettre de démission.

Ces expériences décourageantes me lassent. J'ai un peu d'argent, suffisamment pour attendre un ou deux mois, alors je loue une machine à écrire, j'achète une méthode et, patiemment, j'apprends à taper à la machine. Ainsi je ne serai plus une « non spécialisée ». Systématiquement je réponds aux petites annonces, pose ma candidature. Résultats négatifs : jamais je ne corresponds au « profil désiré ». Dois-je recommencer ma quête des emplois non qualifiés ? Un matin, je reçois une convocation pour une place de dactylo dans une banque privée. Le directeur est très sympathique, il m'explique la marche du travail, m'assure qu'il est prêt à me faire confiance, et même à me former.

« Je pense que vous nous conviendrez. Ce dont nous avons besoin, avant tout, c'est d'une personne consciencieuse. Voici un petit dossier, vous le remplirez tranquillement chez vous. Vous le rapporterez lundi prochain, et vous commencerez le jour même. »

Cette fois-ci, je vais enfin franchir une étape. Dans mon enthousiasme, je me mets à compléter le questionnaire. Que de renseignements à fournir, nom du père, de la mère, personne à prévenir en cas d'accident, néant. Je bute sur les études, je ne peux pas ne rien mettre. Au moins certificat d'études, et je passe. Je me laisse le temps de la réflexion. Mais le piège se referme : « Veuillez joindre un extrait de casier judiciaire. »

Impossible. Jamais je n'oserai le demander. Je regrette de n'avoir jamais sollicité ma radiation du fichier des prostituées. Les formalités m'en révoltaient : il fallait se repentir, envoyer des excuses à la République, l'assurer que l'on n'exerçait plus ce métier. Affirmation sans effet auprès de la police. Un inspecteur m'avait dit, en rigolant : « Comment veux-tu qu'on te croie, on ne tient pas la chandelle ! » La seule preuve admise de nos bonnes mœurs était le mariage. Après m'être renseignée, je ne m'étais pas résolue à demander pardon, j'avais plutôt envie de demander des comptes.

J'ai remercié le directeur en lui écrivant qu'un employeur vu avant lui m'avait donné une réponse favorable et j'ai déchiré ses formulaires.

C'est ce jour-là que j'ai lu des graffiti sur les murs d'un couloir du métro : « Révoltez-vous ! »

Pour avoir la force de se révolter, il faut d'abord manger. Pour manger il faut acquérir le droit de travailler. Où trouveront-ils la force de se rebeller ces gens fatigués, usés, qui m'entourent, auxquels, comme à moi, le même chef du personnel, sans leur accorder un regard, a répondu : « Vous ne faites pas l'affaire... Appelez-moi le suivant... » Car il y a toujours un suivant.

Depuis un an, je travaille toute la journée dans un sous-sol, j'ai été engagée comme employée de bureau-dactylo et je fais du routage. Cela s'accompagne de travaux ingrats, utiles mais dénués de tout intérêt.

« Monsieur, pourriez-vous m'augmenter ? Je ne peux pas vivre avec mon salaire. »

Patelin, conciliant, il me raisonne.

« Madame, vous n'êtes pas mariée, vous n'avez personne à charge, pas d'enfants. Je ne dis pas que cela soit le Pérou, mais à la place que vous occupez, avec le travail que vous faites, vous ne pouvez pas espérer davantage. D'ailleurs, en vous y prenant bien, en faisant attention, cela devrait être suffisant. »

Je proteste avec une certaine véhémence.

Il a perdu toute urbanité, sa compréhension de la situation a disparu, il a cette phrase admirable parce qu'inattendue :

« Madame, ici, il y a des règlements, ce n'est pas le bordel ! »

Il se trompe, les bordels sont des endroits où l'ordre, la hiérarchie sont des plus stricts. Je ne peux m'empêcher de lui répondre :

« Vous parlez de ce que vous ne connaissez pas. »

Il n'écoute ni ne relève, il poursuit, digne comme l'autorité qu'il représente :

« Vous ne resterez pas une seconde de plus ici. Je vous renvoie. Partez immédiatement ! Vous aurez votre salaire, vos vacances, vous êtes dispensée de tout préavis.

– Merci, monsieur, vous ne pouviez me faire plus de plaisir. »

Il croit que je plastronne pour lui tenir tête une dernière fois. Erreur, j'exprime ma pensée profonde. Bien que la peur de l'avenir me talonne toujours, je me sens soulagée.

Ce lendemain qui m'angoisse, je vais le transformer en lendemain de fête ! Je vais repartir de zéro, faire du zéro que je suis la revanche du zéro.

Pendant une année, je ne chercherai pas de travail. J'étais si mal rémunérée pour celui que je faisais que je préfère être pauvre, au chômage. Ce temps est à moi et j'irai à la Faculté de Vincennes, elle est ouverte aux gens de ma sorte. À quarante-six ans je me donne, enfin, le droit de faire des études.

Je m'inscris pour la rentrée d'octobre, nous sommes en juillet.

J'emploie mon temps à lire, à connaître Paris, cette ville qui m'a été si longtemps hostile. Je la découvre différemment. Je flâne dans les rues, les jardins, les musées. Je prends le bateau-mouche et je découvre le Jardin des Plantes.

Cette sorte d'intermède dans ma vie me paraît avoir été très court, ce jour d'octobre où j'aborde Vincennes.

J'ai acheté un cahier, un crayon et comme d'autres étudiants, je consulte le tableau où sont inscrits les noms des professeurs et les UV (unités de valeur). Je choisis les miennes d'après leurs titres, ce qu'ils suggèrent à mon imagination : « Sociologie du travail ». Après mes débuts décevants dans la pratique, la théorie. « L'oppression et la lutte des femmes ». J'ai vécu l'oppression, voyons la lutte. « Prise de conscience ». Quelle jolie phrase ! « Pouvoirs et appareils d'État ». Je vais comprendre les mécanismes qui m'ont broyée. J'élimine toutes les UV qui paraissent trop intellectuelles, trop abstraites.

Assise parmi les étudiants, visiblement plus à leur aise que moi, j'écoute le professeur, une très jeune femme. Elle nous donne des directives générales pour l'année en employant des termes universitaires : cursus, bibliographie, recherches, enquêtes, qui me restent obscurs. Elle nous distribue des fiches à remplir : écoles fréquentées, universités, diplômes. C'est vite fait !

Pendant deux mois je vis dans une totale confusion, comme une étrangère dans un pays dont j'ignore les coutumes et la langue. Paradoxalement, je me sens l'esprit neuf, rien ne l'encombre. Je conserve un œil et une oreille attentifs à tout. Progressivement les choses s'ordonnent en moi ; je réfléchis mieux, différemment, j'apprends à analyser, je commence à sortir de moi-même, à ne plus craindre que l'on me juge.

Fait nouveau pour moi, ici, j'ai la curiosité des autres, je les découvre. Lorsque j'étais prostituée, je faisais semblant d'écouter la vie que me racontaient les clients, elle ne m'intéressait pas. Peut-être ne me demandaient-ils pas de les entendre ?

Ceux qui m'entourent, bien que différents, sont mes semblables et tous ont quelque chose à apprendre, à donner, à échanger... Je suis d'autant plus à l'aise avec eux, professeurs et étudiants, que je suis comme beaucoup une travailleuse venue s'instruire.

Cela faisait des années que j'entendais discourir de la prostitution avec des allusions égrillardes, bien françaises. Les questions que se posaient les gens ne témoignaient que d'une curiosité malsaine et pas d'un intérêt véritable.

Au programme, il y a une UV sur la prostitution. Je décide d'aborder le problème de front, je m'y inscris et je trouve le courage de faire un exposé devant cinquante étudiants. À la fin de la discussion les étudiants m'entourent, me demandent ma bibliographie et mes sources d'information. J'ai failli répondre : « C'est ma vie », mais je suis restée évasive.

Quand les prostituées se sont manifestées, je me suis terrée. J'ai eu peur pour elles. J'aurais voulu leur crier : « Arrêtez ! Arrêtez ! vous faites le jeu de vos exploiteurs, jamais vous n'aurez la force de leur résister, de les vaincre. Ceux qui vous écoutent, et qui croient vous comprendre, ne pourront vous aider réellement. L'intérêt que vous suscitez est plus suspect que vous ne le pensez. Vous participez des mystères et de l'attirance de la sexualité. Mais essayez d'entrer chez eux, de vous fondre dans leur vie familiale, et vous verrez la gêne. Vous resterez toujours de l'autre côté de la barrière, celle qui sépare les honnêtes gens des putains. »

Assis en face de moi au resto U des camarades discutent. Ils parlent, avec enthousiasme, d'un cours. Je demande lequel.

« Un cours de maths, tu devrais y venir.

– Oh non, je ne comprends rien aux maths.

– Rien à voir avec ce que tu imagines. Cela s'appelle "Une certaine logique". On creuse jusqu'à une certaine logique. »

Après tout, pourquoi ne pas essayer ?

Il est treize heures trente. La salle est pleine, nous attendons Denis. Il entre, je suis surprise par sa jeunesse, une blouse noire sur un pantalon de velours. Derrière les verres de ses lunettes, ses yeux bleu, très grands, font le tour de l'assistance. Il tire une chaise vers lui, s'assoit, se lève, prend une cigarette dans un paquet posé sur une table au second rang, se rassoit, toujours silencieux. Il ne semble pas pressé de commencer. Il regarde chacun des présents, écoute les conversations qui se tiennent par petits groupes mais n'y participe pas. Tout à l'heure, il reprendra des bribes de ces conversations qu'il utilisera pour démarrer son cours.

Peu à peu pourtant un semblant de silence s'établit dans la salle. Et, tout à coup, Denis se met à parler. Au début je n'écoute rien de ce qu'il dit, je suis simplement surprise par ce flot de paroles. Son regard croise le mien.

« C'est la première fois que tu viens ?

– Pourquoi veux-tu suivre ce cours ? »

Je ne sais plus pourquoi, parce qu'on m'en a parlé, parce que le titre... parce que je voudrais comprendre tant de choses, mais je ne peux rien dire de tout cela. Je me trouble, il s'en aperçoit immédiatement, n'insiste pas et reprend la parole mais, cette fois, j'écoute ce qu'il dit.

Pendant toute l'année, je serai assidue à ses cours. Tous les jeudis après-midi, je serai là. On y parlera de tout, différemment. Moments de parole libérée mais il nous contraindra toujours à plus de rigueur dans nos interventions.

Ici, j'aimerais évoquer ma situation, exposer mon cas. En parler dans ce cours ne serait-ce pas commencer à me libérer de ce secret qui pèse si lourd ? Mais je n'ose pas. Alors, je tente de l'écrire. Denis nous avait demandé d'écrire des textes sur des sujets qui nous tenaient à cœur. Un jour, nous avons abordé le thème de la mort. J'essaie d'écrire quelques pages sur la mort chez nous, en Algérie, la mort juive. C'était la première fois que j'écrivais autre chose que des lettres adressées à des amis ou à ma famille. Et cela m'a plu. Une autre fois, Denis nous demanda de décrire notre « socialité ». Ma socialité ? Pour avoir une socialité, encore fallait-il avoir une identité. C'était justement cela qui me manquait. Je remonte peu à peu le fil du temps. Je sens que cela est insuffisant. Il faut aller plus loin. Il me faut parler, il me faut le DIRE, et il faut que l'on m'entende.

Je parlerai à Denis. Comme le pus d'un abcès, il faut que la prostitution sorte de moi.

Angoissée, à la fin de son cours, je m'approche de lui :

« J'ai écrit quelque chose sur la prostitution. J'aimerais t'en parler. »

Aucune surprise dans le bleu de son regard.

« Pourquoi, tu es une prostituée ?

– Oui. »

C'est sorti.

« Tu veux qu'on aille à la cafétéria ? Si tu veux, nous pourrons en parler. »

J'en parle, j'en parle… facilement.

« Quel effet cela te fait d'en parler pour la première fois ?

– Je ne me renie plus. Denis, j'avais tout renié : ma judéité, mes origines algériennes, ma vie de prostituée. Maintenant, je sais que je dois assumer toutes ces choses. C'est à ce prix qu'enfin je serai moi, que je m'accepterai. »

Je vais plus avant et je dis, alors que jusqu'à cet instant je n'y ai jamais pensé : « Je voudrais trouver la force de le dire à tous.

– Être exemplaire ?

– Non, témoigner. »

G. A., décembre 1979.

# NOTES

*Notes du chapitre 2*

**1** La majorité religieuse pour les garçons de treize ans. L'équivalent de la confirmation chez les chrétiens.

---

**2** Baptême.

---

**3** Le vieux, le sage.

---

**4** Merci.

---

**5** Farine de pois chiches.

---

**6** C'était le bon temps.

---

**7** Rituel qui ouvre le shabbat (mot hébreu).

---

**8** Française.

---

**9** Péché.

*Notes du chapitre 5*

**1** Idiote (mot espagnol).

---

**2** Mélange de plantes et d'argile dont on imprègne les cheveux afin de les rendre soyeux.

---

**3** Herbe de la région. Sèche, elle peut être employée comme un gant de crin.

---

4 Fessiers.

---

5 Pâtisserie faite à base de farine de sésame.

*Notes du chapitre 6*

1 Dans le milieu, la balafre est un signe d'infamie que les « hommes infligent aux femmes. L'homme marqué de la sorte par une femme e reste diminué. En Algérie, très fréquemment, les prostituées, n'ayar rien à leur disposition, se servaient d'un morceau de sucre candi au arêtes vives.

---

2 Expression arabe signifiant « mon Dieu ».

*Notes du chapitre 8*

1 Gardiennes de prison.

---

2 Nous sommes dans les années cinquante.

---

3 C'est toujours le souteneur qui « taxe » sa femme en lui imposar une somme généralement élevée et qu'elle doit atteindre.

---

4 Officier de police.

---

5 Anciens francs.

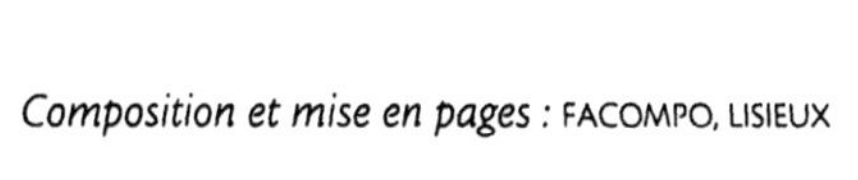
*Composition et mise en pages* : FACOMPO, LISIEUX

www.ingramcontent.com/pod-product-compliance
Lightning Source LLC
LaVergne TN
LVHW010653110826
845149LV00014B/3074

* 9 7 8 2 8 4 7 3 6 2 4 9 7 *